The Lovable Old-Timer

Aging as a Journey to Awakening

老古錐

從心看老學老悟老

著
鄭振煌

〔自序〕人生就是老的旅程

千載之前，李白〈下江陵〉「兩岸猿聲啼不住，輕舟已過萬重山」的名句，道盡我此刻的心情。

「兩岸」是此岸彼岸、年少年老、世間出世間；「猿聲」是有聲無聲、外聲內聲、物聲心聲；「啼不住」是有聲不住，無聲更不住；「輕舟」是雲淡風輕，閒事不掛心頭；「已過萬重山」是「無事忙中老」，本書終於定稿了。

活到這把年紀，從來不服老。飯照吃，覺照睡，路照走，山照爬，書照讀，文照寫，佛照念，坐照打，海闊天空任遨遊。天真得像老古錐，雖然還缺少老古錐的智慧和幽默。老古錐的人生最為寫意，可以自怡可以怡人，可以自悟可以悟人，以楔出楔，尋藤摸瓜，得來全不費工夫。

學了一輩子的佛，算起總帳，還是赤字，了無所得。無所得，硬要說，硬要寫，就顯得力不從心。心是佛法的主要課題，佛經橫說豎說都不離心，而心的變化詭譎，更讓佛法難上加難。《大般涅槃經》說：「依法不依人，依義不依語，依智不依識，依了義經不依不了義經。」「依法」就是依心法（包括心王法和相應心所法），而不依人行事，色法、不相應行法和無為法都是由心而生起；而佛陀依心的染淨不同程度說各種心：真實心、集起心、思量心、了別境心、肉團心、精要心等。「依義」就是了解心王法和心所法的轉依和本性，而不依語言、文字或概念。「依智」就是用心時的寂而常照、照而常寂，寂照不二，不可顛倒妄想、意識分別。「依了義經」就是以闡明心之緣起性空的經論為準繩，不依方便善巧談心的不了義經，如標月（了義）之指（不了義），不可以執指為月。

《大智度論》說：「有四種悉檀：一者世界悉檀，二者各各為人悉檀，三者對治悉檀，四者第一義悉檀。四悉檀中，一切十二部經，八萬四千法藏，皆是實，無相違背。」「悉檀」是成就的意思，十二部經八萬四千法藏主要在談各種心，不管如何談心，都是真實語，目的在成就眾生的善根，離苦得樂。《阿含經》以前三種悉檀分析緣起有的心意識，第一義悉檀則談畢竟空的心性，心性離四句絕百非，不可說常，不可說斷，不可說亦常亦斷，不可說非常非斷。佛欲明第一義悉檀，故說《摩訶般若波羅蜜經》。

在生死過程中，時時刻刻都在老，生是老，死也是老，苦、樂、憂、喜或捨受都是老，心法在老，色法在老，無為法也在老，無一不老，只要「有」就會老，因為老的意思是相續變異。

身的老不可避免，心的老卻可超越，這是佛陀對人類文明的無上貢獻。戒、定、慧的修持，可以證悟心的「無生」，無生就可以「無老、無病、無死、無憂悲愁惱」，使涅槃變成可能。「萬法唯識現，三界唯心造」，所以老也是唯識現、唯心造。從心看老、學老、悟老是絕對務實的。

心就是老，老不是心的老，不是身的老，而是身心本身就是老，身心乃至其他萬事萬物就是老，並非有什麼在老。這就是佛法對於老的智慧。身心固然互相影響，但身的老永遠無法克服，只有心的老可以超越，那就是信、解、行、證的過程，其科目就是戒、定、慧。這是我們應該學習、悟解的。

人生就是老的旅程，只有面對心的老，學習心的老，體悟心的老，才可以圓滿解決老苦，究竟常樂。

本書的書寫完全是一種意外，在我忙碌的教學工作中，不曾浮現過任何相關念頭。佛說因緣不可思議，本書的面世，再次證明「如來是真語者、實語者、如語者、不誑語者、不異語者」。我知道這是不成熟的作品，為了兼顧可讀性和學術性，往往削足適履，不能窮盡佛法對老的全體觀點。願以此為拋磚引玉，讀者可以度脫生死的恐懼。

走筆至此，聖嚴師父的知遇之恩湧上心頭，消瘦的身軀，智慧的開示，慈悲的關懷，是我們這個時代最美麗的風景。

二〇二五年六月二十三日凌晨於中華維鬘學會

目錄

第二篇

認識老——老是什麼？

第三篇 學習老——幸福老人

第四篇 超越老——根本不老

第一篇

接受老

人生誰不老？

一、超高齡社會需要超高齡智慧

（一）我們都在同一架飛機上

我們都在同一架飛機上，不管你坐的是頭等艙、商務艙，我坐的是經濟艙，都同時到達目的地，萬一飛機失事了，我們的命運也都一樣。

在人生的旅程中，不管你是達官貴人，我是升斗小民，早晚都要面對閻羅王這一關。

在死神的面前，石頭和雞蛋不分，任你堅如石頭，我弱如雞蛋，都走在同一條鋼索上。

二〇二五年，在我書寫一輩子的歲月中，風景與囚籠的對比特別強烈，我徜徉在佛法的風景中，卻要探頭望向眾生的囚籠。

二〇二五年，我活到了釋迦牟尼佛的歲數，仍然席不暇暖，國內外四處參學，不知老之已至，因為佛法的智慧告訴我：「老不是問題，心怎麼想才是問題。」

二〇二五年，我接觸佛法已經一甲子，知道佛法是人生宇宙的究竟真理，六十年來所學、所思、所行、所言都以佛法為主，深信佛法可以讓人生死自在。

二〇二五年，我早已習慣了老，學會了如何老，因為四十年前就滿頭白髮，被大家視為老人了。

二〇二五年，全球約有四分之一的國家開始人口負成長，臺灣將進入超高齡社會，二〇二五年一月的數據顯示，六十五歲以上的人口數，占總人口的百分之十九點二七，隨著老年人口比例的不斷攀升，未來的社會福利與醫療支出將大幅增加，勞動力的緊縮將對經濟成長產生深遠影響。除了公部門持續擴充醫療及照顧服務能量，導入智慧科技，創造健康及照護新模式等作法之外，人們更應該有超高齡智慧。

這讓我想起了兩個真人真事，體現超高齡智慧的重要，讓人可免於面對老死的無奈和徬徨不安。

二〇一八年六月七日，八十五歲的臺灣著名體育主播傅達仁先生因胰臟癌末期，第二度前往瑞士接受安樂死。為了安樂死，他自稱前後花費了新臺幣三百萬元。生前，他透過臉書鼓吹「安樂死法案」。他說：「死的日子和天數是在上帝的手裡，但是死的方法有人權和選擇權。」這是把死亡交給上帝，卻又想從上帝手中爭取死亡權的無奈。

二〇二四年十二月四日，八十六歲的臺灣著名小說家瓊瑤女士輕生，留下遺書〈當雪花飄落〉，震驚了華人世界。她以「翩然」形容自己的死亡，似乎看破死亡，自主掌控了自己的生命，卻表達了她喪偶的孤獨與內心的失落，導致她情緒低落、抑鬱不樂，甚至對生命喪失熱情。

這兩位名人選擇以自己的方式去世，都是源自老年面臨寂寞、病痛和死亡的困境，可惜錯失了以老病死淨化生命的積極意義。

老與病、死形影不離，在老年衰弱過程中，會有慢性病、行動不便、失能、失智、喪偶、孤獨、失落、情感創傷、社會疏離、人生荒謬、家庭支持不足、老人文化缺失、支持系統缺乏與社會孤立等問題。

臺灣醫學發達，健保體系完整，病人隨時可以到醫院看急診，許多老年人長年臥床或以插管維生，最後死在急救才用的CPR（心肺復甦術）中，不能壽終正（內）寢的自然死亡，臺灣老人臨終前的生活品質和生命尊嚴需要被正視。

這個現象顯示臺灣人的貪生怕死及避諱生死大事。人為什麼會老、會病、會死？原因很多，但最主要的原因是有「生」，有生必有老病死，我們都已經出生了，必然會有「生理」的老病死苦，唯一能做的是避免「心理」的老病死苦。

有感於此，筆者特別以佛法的智慧，揭開老年的祕密和因應之道。

（二）老是佛法的酵素

《長阿含經》一開始就提到佛陀教誡比丘：「出家修道，諸所應行，凡有二業：一曰賢聖講法，二曰賢聖默然。」比丘除講法和默然兩件事之外，其他都不應做。

接著，佛陀就對比丘說明過去諸佛因緣、諸佛常法（諸佛都相同的出生、出家、覺悟、說法、圓寂等事蹟）。佛陀出生時，父王就找來相師替他算命：

> 諸相師即白王言：「王所生子，有三十二相，當趣二處，必然無疑。在家當為轉輪聖王；若其出家，當成正覺，十號具足。」

諸相師稟告國王：太子有貴人的三十二相，如果在家就是轉輪聖王，統治全天下；如果出家就會覺悟成佛，教化眾生。國王老來得子，好不容易王位有了繼承人，當然希望太子不要出家，就想盡辦法提供最好的享受，讓他娶妻生子，不讓他接觸人間的痛苦。

《長阿含經．大本經》接著提到太子出家的因緣：

於時，菩薩欲出遊觀，告勅御者嚴駕寶車，詣彼園林，巡行遊觀。御者即便嚴駕訖已，還白：「今正是時。」

太子即乘寶車，詣彼園觀。於其中路見一老人，頭白齒落，面皺身僂，拄杖羸步，喘息而行。

太子顧問侍者：「此為何人？」

答曰：「此是老人。」

又問：「何如為老？」

答曰：「夫老者生壽向盡，餘命無幾，故謂之老。」

太子又問：「吾亦當爾，不免此患耶？」

答曰：「然，生必有老，無有豪賤。」

於是，太子悵然不悅，即告侍者迴駕還宮，靜默思惟：「念此老苦，吾亦當有。」

佛於是頌曰：「見老命將盡，拄杖而羸步；菩薩自思惟，吾未免此難。」

悉達多太子不食人間煙火，初次離開皇宮，就被老態龍鍾所震懾，幸好宿世善根讓他頓悟無常，走上覺悟之道。

老是佛法的酵素，激發人類心靈的無限潛能。

（三）向死而生

《雜阿含經・三四七經》記載佛陀對外道須深說：

有生故有老死，不離生有老死。……

無生故無老死，不離生滅而老死滅。

有生必有老死，不能離開生而有老死；無生必無老死，不能離開生滅而老死滅。大家都知道這個生與老死的必然因果關係，卻有意無意地避開老死的問題，對老死一無所知，更對死亡認為是禁忌不可討論，完全沒有準備好迎接老死，所以面臨老死就會產生莫名的恐懼。

老死之所以變成人類心靈深處的恐懼來源，這是因為老死意味著遠離本來熟悉或擁有的家人、朋友、身分、地位、財富、環境等生存所依，帶來由孤獨所產生的疏離感（sense of alienation），進而出現恐懼焦慮。

偏偏生者必老死，老死來自生。德國哲學家，也是二十世紀存在主義哲學的創始人和主要代表之一的馬丁・海德格（Martin Heidegger）在《存在與時間》（德文 *Sein Und Zeit*，英譯 *Being and Time*）一書中，主張以生命意義上的倒數法，來成長內在精神，提高生命的效度和目標的密度，使得生命的意義和價值，能在有限的時間內展現出無限的可能性。

該書的基本觀念非常簡單：人類的存在是「向死而生」（Being-towards-death）。生就是時間，而生的時間是有限的。對人類而言，時間在死時就結束了。因此，如果我們想了解真正的人類意義，就必須把我們的生命放在死亡的地平線。這就是「向死而生」的意義。如果我們的生命是有限的，那麼實現真正的人生只有一條路——「面對有限性，並從死亡創造意義」，亦即「學習如何死」。

「向死而生」的概念有四個特色：

1. 非關係

站在死亡之前，我們切斷了與別人的一切關係。死不能透過別人的死來經驗，只能透過與自身死亡的關係來經驗。

2. 確定性

我們活著是確定邁向死亡的，雖然我們也許會逃避死亡的事實，但沒有人懷疑人生在死時就結束了。

3. 不確定性

雖然死是確定的，但我們不知道何時會死。大多數人都希望長壽、生活美滿，但我們從來不知道死神什麼時候來敲門。

4.不可超越性

死是最重要的人生大事，領悟人生必死才能激勵追求不死的意志，死是「不可能性的可能性」（possibility of impossibility）。

海德格並未討論死後的狀況，但他強調「未知死，焉知生？」、「知死方能實現人生意義而超越死」的觀點，正是佛陀所說「死隨念」是這種的意義。

在死亡的鏡子中，我們看到生前的一切，生是死的因，死是生的果，因果是顛撲不破的真理，怎麼生就怎麼死，而老介於生和死之間，正是改變生的軌跡以求善終的唯一機會。

（四）三種焦慮

佛陀在《出曜經・無常品》中勸誡弟子：

是日已過，命則隨滅，如少水魚，斯有何樂？……

一日過去，人命隨滅，雖壽百年，臥消其半。……

夫人欲立德，日夜無令空，日夜速如電，人命迅如是。

日子過去一天，命就減少一天，好像水愈來愈少的魚，有什麼快樂呢？一日過去，人命就隨著減少，雖然活到百歲，躺在床上的時間卻占一半。人如果想立德，就不要讓日夜空過，日夜交替如閃電般快速，人命也是如閃電般快速。

人生無常，一眨眼工夫年華老去，應隨時提醒自己老死迫在眉睫，精進修行，提昇道德水準，以超越生死煩惱。

二十世紀美國基督教存在主義神學家田立克（Paul Tillich）在《生之勇氣》（*The Courage to Be*）一書中，以基督教神學的觀念，認為人與存有的根源疏離是引起「焦慮」的主要原因，生之勇氣就是克服焦慮的勇氣。

人類有三種焦慮：

1.死亡的焦慮（anxiety of death）

從本體論（ontological）來看，非存有（non-being）是依附於它所否定的存有（being）之上，亦即老死是因為有生，有生必有老死，所以出現「死亡的焦慮」。

2.無意義的焦慮（anxiety of meaninglessness）

人類「精神上」的自我肯定，相對地來看是非存有的感覺，絕對地來看就是生命的無意義，所以出現「無意義的焦慮」。

3.定罪的焦慮（anxiety of condemnation）

生命的無意義威脅人類「道德上」的自我肯定，相對地來看是人的罪債，絕對地來看即是人的被定罪。

這三種焦慮都屬於存在的範疇。因此，人一旦成為存有就不可能不面對這三種形式的焦慮。

相傳悉達多太子之所以出家修行而成佛，是因為他四次出城見到老、病、死、修行者。我們或許可以這麼說：老、病、死帶給他田立克所說的三種焦慮，使得他一看到修行者就鼓起生之勇氣，尋求生的意義就是證悟不死的方法，這就是田立克所說的「終極關懷」。

佛陀以「四聖諦」描述他所證得的四種終極真理：

1.「苦聖諦」是終極關懷

人生的真理就是苦，最基本的苦有生、老、病、死、愛別離、怨憎會、求不得、五陰熾盛（執取身心是恆常不變、獨立存在、個人可以主宰控制的）等八種，簡稱八苦。人生的終極關懷是「生老病死苦」。

2.「集聖諦」是終極真理

苦是人自己的無明和造業所招集來的，不是鬼神的審判或懲罰，不是地理風水、生辰八字所主宰的，不是無緣無故的。「自作自受」是人生的終極真理。

3.「滅聖諦」是終極目標

人類的一切活動以滅苦為終極目標，苦出現了，一切活動都會停止，只剩下滅苦的活動。「離苦得樂」是人生的終極目標。

4.「道聖諦」是終極承諾

滅苦就必須滅苦因，而苦因就是無明和造業，所以人類要承諾轉無明為智慧，清淨身、語、意三業，才能究竟滅除苦因，證菩提（智慧覺醒）得涅槃（苦滅）。「修道」是人生的終極承諾。

四聖諦是圍繞著苦而開展的，「苦」是人生的真相，「集」是苦因，「滅」是苦滅，「道」是滅苦之道。苦和集是世間法的果和因，滅和道是出世間法的果和因。「因」微細不明顯，「果」明顯易知，故「眾生畏果，菩薩畏因」，而佛陀「說因、論因」，因為只有佛陀發現真正的苦因——每個人自己的無明和造業，而非外在因素。

在生、老、病、死、愛別離、怨憎會、求不得、五陰熾盛八苦中，愛別離、怨憎會、求不得、五陰熾盛四苦是主觀心理的苦，只要改變心態就可以避免，而生、老、病、死是客觀生理的苦，任何人都避免不了，何況它們還會衍生心理的苦，身心逼迫，苦上加苦。

在生、老、病、死四苦中，出生時人們懵懵懂懂，雖然很苦，但時間短暫，而且已經過去了，人們很難意識得到。病、死二苦隨時會發生，無法預料，譬如病毒或細菌傳染就防不勝防，人們只能盡力而為，降低感染率，但新病毒不斷突變，如新冠病毒（COVID-19）就不斷有變異株，截至二〇二四年十月二十七日為止，世界衛生組織統計全球共有七億七千多萬例的確診病例，當中有七百多萬例的確診死亡病例。實際的確診和死亡病例，應該遠比通報數字多出好幾倍。

在八苦中，任何人都逃避不了老、病、死三苦，而老苦的時間遠比病苦、死苦長，又帶來各種生活不便或失智、失能，因此老苦一直是吞噬人類心靈的主要惡魔。

俗話說「置之死地而後生」，人們往往不見棺材不流淚，如果能提早體悟「生緣老死」（生是老死的原因）的真理，就可以「凡事豫則立，不豫則廢」，應在老死到來之前做好準備，以安然度過老死的恐懼焦慮，如果沒有準備或準備不足，必然被老死所折磨。

聖嚴法師開示大家，解決問題的四個祕方就是「面對它、接受它、處理它、放下它」。這呼應了佛陀說的四聖諦，「苦聖諦」是面對它，「集聖諦」是接受它而分析苦因，「滅聖諦」是徹底放下它，「道聖諦」是處理它。超高齡社會的問題亦然。

（五）佛為度老病死而出世

佛陀在《雜阿含經．三四六經》中說：

以世間有老、病、死三法不可愛、不可念、不可意故，是故如來、應、等正覺出於世間。世間知有如來、應、等正覺所知、所見，說正法、律。

因為世間有老、病、死三件不可愛、不可念、不可意的事，所以佛陀才出現於世間說法，讓世間人知道佛陀已經證得正知正見，而且演說了能夠真正解脫老、病、死等煩惱痛苦的真理和倫理道德。

古印度對覺者有十種常見的稱號：如來、應（供）、等正覺、明行足、善逝、世間解、無上士、調御丈夫、天人師、佛世尊。

其中的「如來」，譯自梵語 **tathāgata**，**tathāgata** 可分解為 **tathā-gata**（如去）、**tathā-āgata**（如來）二種。如者真如，若作「如去」解，為乘真如之道，而往於佛果涅槃之義；若作「如來」解，則為由真理而來（如實而來），而成正覺之義。乘真如之道從因來果而成正覺，名為如來，是「真身如來」；乘真如之道來三界垂化，謂之如來，是「應身如來」。又，如諸佛而來，故名如來，此釋通於二身。《長阿含經．清淨經》說：「佛於初夜成最正覺，及末後夜，於其中間有所言說，盡皆如實，故名如來。復次，如來所說如事，事如所說，故名如來。」佛陀說老是緣起性空，故稱如來。《大智度論》又說：「行六波羅蜜，得成佛道，（中略）故名如來；（中略）智知諸法如，從如中來，故名如來。」這是大乘佛教所定義的如來。就老而言，佛陀以六波羅蜜了解老是緣起性空，自行化他都是三輪體空，無住生心，故知「生、老、病、死」不一不異，生死即涅槃，煩惱即菩提。

「應（供）」的梵語 **arhat** 或 **arhant**，巴利語 **arahat** 或 **arahant**，音譯「阿羅漢」、「阿羅訶」，指斷盡一切煩惱，智德圓滿，應受人天供養、尊敬者，亦即應受一切人天以種種香、花、瓔珞、幢幡、伎樂等供養者。就老而言，佛陀已經斷盡老的一切煩惱，了解老是緣起性空，又教導眾生解脫老的煩惱，故應受一切人類、天神供養。

「等正覺」的梵語 **samyak-saṁbuddha**，巴利語 **sammā-sambuddha**，為「等正覺者」之略，音譯「三藐三佛陀」，又譯曰「正偏知」。對於外道之「邪覺」，稱阿羅漢為「正覺」；對於阿羅漢之「偏覺」，稱菩薩為「等覺」；對於菩薩之「分覺」，稱佛為「正等覺」。就老病死而言，佛陀不但完全覺悟，也教導眾生老病死是緣起性空，故能不受老病死所煩惱。

（六）佛為諸法實相而出世

大乘佛教中的佛陀出現於世間說法，目的是為了讓世人領悟最究竟的真理是一切平等，包括把老病死視為夢幻泡影並不真實，因為老病死的本質也是緣起性空，人類應該以改善人生和世界為使命。這就是聖嚴法師所揭櫫的法鼓山宗旨「提昇人的品質，建立人間淨土」，所謂「成熟眾生，莊嚴國土」。

《妙法蓮華經．方便品》提到佛陀對舍利弗說：

佛所成就第一希有難解之法。唯佛與佛乃能究盡諸法實相，所謂諸法如是相，如是性，如是體，如是力，如是作，如是因，如是緣，如是果，如是報，如是本末究竟等。

佛陀的前世親近無量數如來，學習過各種法門，所以成就了第一希有難解之法。唯佛與佛乃能究盡諸法實相（一切萬事萬物的真實相）：「所謂諸法，如是相，如是性，如是體，如是力，如是作，如是因，如是緣，如是果，如是報，如是本末究竟等。」此又稱為「十如是」。十如是為老的實相，佛的智慧所知。

1. 老的如是相

《中阿含經．分別聖諦經》說眾生老時，頭白齒落，盛壯日衰，身曲腳戾，拄杖而行，肌縮皮弛，諸根遲鈍，顏色醜惡，身心皆受極大之苦楚，是為老苦。老相是緣起性空的，雖然相是空性，卻是緣起有的，不有不空，即有即空，無以名之，勉強稱為「如是相」。

2. 老的如是性

老的性是變異敗壞。為什麼會變異敗壞？因為有「生」，所以變異敗壞是緣起性空的，雖然性是空性，卻是緣起有的，不有不空，即有即空，無以名之，勉強稱為「如是性」。

3. 老的如是體

老的體是身心衰弱。為什麼會身心衰弱？因為身體像機器，用久了會壞，身體變壞就讓精神不振，所以身心衰弱是緣起性空的，雖然體是空性，卻是緣起有的，不有不空，即有即空，無以名之，勉強稱為「如是體」。

4. 老的如是力

老的身心力量衰退很多。為什麼會身心力量衰退？因為身心衰弱，力量就衰退，所以身心力量衰退是緣起性空的，雖然力是空性，卻是緣起有的，不有不空，即有即空，無以名之，勉強稱為「如是力」。

5. 老的如是作

老年人活動減少。為什麼會活動減少？因為年老力衰，又已經從職場退休，所以活動減少是緣起性空的，雖然作是空性，卻是緣起有的，不有不空，即有即空，無以名之，勉強稱為「如是作」。

6. 老的如是因

老的因是生。為什麼會生？因為有前世的因——愛、取、有——和父母親等有無數緣，所以生是緣起性空的，雖然因是空性，卻是緣起有的，不有不空，即有即空，無以名之，勉強稱為「如是因」。

7. 老的如是緣

老的緣是飲食、養生、運動、休息等維生條件。維生條件的好壞會影響老的狀況和速度。為什麼維生條件有好壞之分？因為每個人的天性、出生背景、成長環境和教育程度都不同，所以維生條件好壞是緣起性空的，雖然緣是空性，卻是緣起有的，不有不空，即有即空，無以名之，勉強稱為「如是緣」。

8. 老的如是果

老的果是病、死。為什麼有人病多，有人病少？有人早死，有人晚死？因為基因和後天條件不同，所以病、死是緣起性空的，雖然果是空性，卻是緣起有的，不有不空，即有即空，無以名之，勉強稱為「如是果」。

9. 老的如是報

老的報是智慧福德。為什麼有人智慧高福德好？有人智慧高福德差？有人智慧低福德好？有人智慧低福德差？因為每個人的先天條件和後天努力都不同，所以智慧高低、福德好差是緣起性空的，雖然報是空性，卻是緣起有的，不有不空，即有即空，無以名之，勉強稱為「如是報」。

10. 老的如是本末究竟等

老的相、性、體、力、作、因、緣、果、報，都是「緣起性空、性空緣起」和「不空不有、即有即空」的，無以名之，勉強稱為「本末究竟等」。「本末」有二種解釋：一是本指相，末指報。二是本指佛或佛性，末指眾生或妄想。「究竟」是終極的意思。「等」也有二種解釋：一是平等，法的各個面向都是平等的，以真如或空性來表示。二是等等，「老」的種種性相就不只這些了，上述只是略說而已。

「十如是」為佛的十智力所通達的諸法特徵。了悟老、病、死三者的相、性、體、力、作、因、緣、果、報、本末究竟等都是真如，就可解脫老病死苦，優游自在地走過老病死的過程。

龍樹菩薩造《中觀論．觀四諦品》的〈三是偈〉說：「眾因緣生法，我說即是無，亦為是假名，亦是中道義。」天台宗智顗大師依此對「十如是」做三轉讀的解釋：1.「是相（性、體、力、作、因、緣、果、報）如」為空諦，以老為例，老的相是眾緣和合而有的，故無自性空。2.「如是相（性、體、力、作、因、緣、果、報）」為假諦，以老為例，老的相是自性空的，故為假名安立。3.「相（性、體、力、作、因、緣、果、報）如是」為中諦，以老為例，老的相不有不空，即有即空，無以名之，故為中道實相。

《妙法蓮華經．方便品》又提到佛陀對舍利弗說：

> 諸佛世尊，欲令眾生開佛知見，使得清淨故，出現於世；欲示眾生佛之知見故，出現於世；欲令眾生悟佛知見故，出現於世；欲令眾生入佛知見道故，出現於世。舍利弗！是為諸佛以一大事因緣故出現於世。

以老為例，諸佛世尊對於老的知見就是「世俗諦」為有、「第一義諦」為空（依龍樹菩薩《中觀論．觀四諦品》的解釋），或即空即有即中（依天台智顗大師的解釋）。諸佛世尊欲令眾生揭開佛對於老是緣起性空的這種知見，使得他們內心清淨，了解老是即空即有，不執著老有，不執著老無，故出現於世；諸佛世尊欲對眾生開示佛的這種知見，故出現於世；諸佛世尊欲令眾生了悟佛的這種知見，故出現於世；諸佛世尊欲令眾生進入佛的這種知見道，故出現於世。

這是諸佛出現於世的一大事因緣，究竟而言，就是令眾生解脫一切煩惱痛苦。

（七）面對老病死

美國精神病學家伊麗莎白．庫伯勒．羅絲（Elizabeth Kübler-Ross）在她一九六九年出版的《論死亡與臨終》（*On Death and Dying*）一書中提出「悲傷五階段」說（Five Stages of Grief）：否認、憤怒、討價還價、沮喪、接受。否認、憤怒、討價還價、沮喪都是逃避事實，只有接受才是面對事實。以老病死為例，如果不面對和不接受老病死的事實，就不可能與老病死和平共處，而浪費寶貴時間在否認、憤怒、討價還價、沮喪的過程。

如果我們肯面對老病死而有所準備的話，將會發生什麼事？如果不肯面對老病死而提早準備的話，又將會如何？該如何選擇，其實再清楚不過了。如果否認老病死，那麼我們的一生、老病死的那一刻和老病死之後，都將付出昂貴的代價。

面對老病死，可以讓我們的心變得莊嚴、寧靜和理智，快樂地度過無限好的夕陽時光。

悲傷五階段不是線性的，有可能會在一瞬間經歷每個階段，也有可能不斷地循環。但不管是因恐懼而拒絕正視老病死，還是把老病死浪漫化了，我們都是把老病死當作兒戲。對於老病死感到絕望或陶醉，都是一種逃避。老病死既不會令人沮喪，也不會令人興奮，它只是生命的事實，如是呈現的生命過程。

悉達多太子四出城門，見到老病死苦，乃發心出家修持解脫之道，與二仙人學打坐，雖能入甚深禪定，卻非解脫之道，離開之後在苦行林六年苦修，也不得解脫。最後到菩提樹下禪觀，才得成道。《普曜經‧迦林龍品》說：

> 菩薩自誓：「使吾身壞，肌骨枯腐，其身碎盡，不成佛道終不起也。從無央數億姟載劫，勤為苦行，今乃得之，終不迴還。」

佛能面對老病死苦，又能接受、處理老病死苦，發誓若不成佛道終不起座，有這種精進大無畏的精神才能究竟成佛。

（八）接受老病死

接受事實並非不作為，而是接受問題的存在才能處理問題。《雜譬喻經》有則故事，佛陀勸導一位老母接受獨子死亡的事實，就解決了悲傷的問題。

有位老母唯有一子，得病命終，便把屍體帶到墳場，哀慼不能自勝，心裡想著：「正有一子當以備老，他竟然捨我而死，我活著還有什麼用？」她於是決定不回家，想陪兒子一起死去，不飯不食過了四、五天。佛陀以神通力知道這件事，帶了五百位比丘到墳場。

老母遙見佛陀前來，威神之光奕奕，忽然從迷惘中醒了過來，向前對佛陀作禮。

佛陀問老母：「為什麼在墳場呢？」

老母回答：「世尊！我只有一子，他卻捨我終亡，愛深情切，我想跟他死在一處。」

佛告訴老母：「妳想令兒子復活嗎？」

母歡喜答道：「確實。世尊！」

佛陀說：「去索求好香火來，我當持咒滿妳的願，令公子復活。」又叮嚀老母：「必須從沒有死過人的家得到火。」

於是老母便去索火，見人即問：「你家曾經有人死過嗎？」大家都回答：「先祖以來都死了。」

老母問過數十家，答案都一樣，得不到火，便回到佛陀住處，說道：「世尊！我到處求火，卻沒有一個人家不曾死過人的，所以空手而還。」

佛陀告訴老母：「天地開闢以來，沒有生而不死的，生者求活才是可喜的事，妳何苦執迷要隨兒子死呢？」

老母聽了，心開意解，彷彿大夢初醒，認識到人生無常的道理。佛陀為她廣說法要，老母即得須陀洹道（來世不會墮落三惡道，至多七次往返天上人間，就可以證得阿羅漢果）。墳場無數千人看到這件事，都發心學佛解脫生死煩惱。

正在煩惱痛苦的人，是聽不進大道理的，必須讓他自我反省，才有可能解脫煩惱痛苦。這就像病人如果沒有病識感，再高明的醫生，再好的藥，都不可能把病治好。

接受生必有老病死，才可能尋求老病死苦的處理之道。

（九）處理老病死

處理問題必須找到問題的原因，才能對症下藥。人類最大的苦來自老病死，老病死來自生，生來自有（業力），有來自取（執取），取來自愛，貪愛、瞋恚、愚癡的這些身心現象環環相扣，如果想遠離老病死苦，就必須斷除貪、恚、癡。

佛陀在《雜阿含經．三四六經》中說：

以慚愧故不放逸。
不放逸故恭敬順語、為善知識。
為善知識故樂見賢聖、樂聞正法、不求人短。
不求人短故生信、順語、精進。
精進故不掉、住律儀、學戒。
學戒故不失念、正知、住不亂心。

不亂心故正思惟、習近正道、心不懈怠。
心不懈怠故不著身見、不著戒取、度疑惑。
不疑故不起貪、恚、癡。
離貪、恚、癡故堪能斷老、病、死。

佛陀出現於世間說法，既然是為了讓眾生知道世間確有老、病、死三件不可愛、不可念、不可意的事，所以就演說了能夠真正解脫老、病、死等煩惱痛苦的真理和倫理道德。

佛陀教導弟子：如果想解脫老、病、死等煩惱痛苦，首先要有慚愧心，有了慚愧心就能不放逸。不放逸就能恭敬善知識、聽善知識、服侍善知識。服侍善知識就能樂見賢聖、樂聞正法、不求人短。不求人短就能對正法產生信心、聽從善知識的話、精進修行。精進修行就能不掉舉、安住律儀、學習戒律。學習戒律就能不失念、正知、住不亂心。住不亂心就能正思惟、習近正道、心不懈怠。心不懈怠就能不執著身見（身見是執著身心五陰是常和

一、自己可以作主、自己可以控制的邪見）、不著戒取（戒取是執著不能得解脫的方法為能解脫）、度疑惑。不疑惑就能不起貪、恚、癡。離貪、恚、癡就堪能斷老、病、死。

這是可以斷除老、病、死的次第方法，始於慚愧心，終於離貪、恚、癡。貪、恚、癡是三種根本煩惱，由這三種根本煩惱產生無數的小煩惱，使得死而後生，生死輪迴不斷。因此，要斷老、病、死，必須先不生；要不生，必須先離貪、恚、癡。離了貪、恚、癡，就能斷老、病、死。

（十）放下老病死

放下有積極和消極二種，積極的放下是以真智慧確實放下，消極的放下是逃避問題、沒有解決問題。這裡所說的放下，是積極的放下。

放下是放手而置於下的意思，又作「放下著」（著，語助詞，無意味）。禪林用來指離棄一切邪念、妄執，達於解脫自在、了無牽掛之境界。

《佛說黑氏梵志經》提到，佛陀度梵志黑氏放下的經過：

梵志是婆羅門的意思，為古代印度種姓制度中的祭司階級。梵志黑氏證得第四禪（不再有苦樂的感受，內心清淨）和五種神通（徹視、洞聽、身能飛行、自察心念、知人來生），他講經說法，辯才無礙，引來眾多天神來聽。閻羅王聽了卻淚流滿面，梵志黑氏好奇就問為什麼？閻羅王答說：「你的壽命只剩七天，死後墮地獄受苦。」梵志黑氏聽了大驚，就左右手各拿了一株梧桐和合歡樹苗來供應佛陀，請佛陀拯救。

佛陀告訴梵志黑氏：「放捨！放捨！」梵志答應就放捨右手所拿的梧桐樹苗，種在佛陀的右面。

佛陀又告訴梵志：「放捨！放捨！」梵志就答應放捨左手所拿的合歡樹苗，種在佛陀的左面。

佛陀又告訴梵志：「放捨！放捨！」

梵志回答：「我拿來的兩株樹苗都已經放捨，種在佛陀的左右面，空手而立，又要放捨什麼呢？」

佛陀告訴梵志：「佛不是要你放捨手中物。佛說放捨，是要你放捨前，也要放捨後，還要放捨中間，放捨到空無一物，如此就能度生死眾患之難。」

佛陀於是說了頌：

仁當捨其本，亦當捨其末，中間無處所，乃度生死原。內無有六入，外衰不得前，放置於六情，乃成無為疾。

你應當放捨根本，也要放捨枝末，中間就不存在了，如此就能度脫生死的源頭。內身的眼、耳、鼻、舌、身、意六種感官都放捨，身外的色、聲、香、味、觸、法六種外境也放捨，六種感官接觸六種外境所產生的見、聞、嗅、嘗、觸、覺知六種意識作用就生不起來，如此就不會生起煩惱了。

黑氏梵志聽了佛陀所說就開悟了，心裡這麼想：「不見吾我，心就放下了。心識產生自六種感官接觸六種外境，本來就不存在。佛陀根據我的病開了藥，讓我卑鄙的心得以開解。如同盲人得到眼睛，聾者得到耳朵，真正讓我看見一切，了解一切道理，智慧大開。今天已經遇見佛陀，佛陀的功德不可稱量。」

我們的煩惱都是來自分別妄想，而分別妄想來自感官（內）接觸外境（外）所產生的意識作用（中間）。內、外、中間都放下，一切都只是真如的存在，不有不空，即有即空。以老病死為例，其實都是緣起性空（真如），不有不空，即有即空。我們之所以感到老病死苦，那是因為我們的感官（內）接觸老病死（外）產生分別妄想（中間）。如果內、外、中間都能夠放下，就只剩下老病死的過程，雖然身體的痛仍然會有，但心理的苦絕對不會生起。這種解脫心理煩惱的境界，稱為涅槃（梵語 **nirvāṇa**，巴利語 **nibbāna**，意思是不生，即不生煩惱）。

在漢傳佛教中，更有許多放下的故事。據《佛祖歷代通載》記載，達摩祖師與梁武帝不契機，就離開金陵（今南京）北上嵩山少林寺，整天壁觀（坐禪）而已。有一位僧人神光，因天神啟示就來見達摩祖師，祖師端坐不理會他。正好天降大雪，神光站在雪中，直至積雪過膝。

祖師悲憫他就問：「你站在雪中那麼久，求什麼事呢？」

神光回答：「願大慈大悲的師父開甘露門（不死之門），廣度眾生。」

祖師說：「諸佛無上妙道，曠劫難逢。小德小智、輕心慢心的人豈能希求真乘（真正能解脫煩惱的法門）？不過徒勞勤苦而已。」神光聽了祖師的教誨鼓勵，喜不自勝，即以利刀自斷左臂置於師前。

祖師說：「諸佛最初求道重法忘身，你今天在我面前斷臂，就可以要求了。」神光遵從祖師的話，就改名慧可。

又問：「諸佛法印（佛法的準則），可以告訴我嗎？」

祖師說：「諸佛法印，不從人得。」

慧可說：「我心未寧，乞師與安。」

祖師說：「把心拿來，我替你安。」

慧可說：「覓心了不可得。」

祖師說：「幫你安好心了。」

眾生無明，面對境界就分別妄想，所以到處找人安心，或求神拜佛，或算命卜卦，或看心理師，或找親友，或抽菸、吸毒、賭博，或沉迷酒、色、財、氣，或走入大自然，或拜師學道，這些都是心外求法，不能釜底抽薪。萬法心生，慧可心不安，請達摩祖師幫忙安心，祖師要慧可把心拿來，等到慧可迴光返照，覓心了不可得就放下了。沒有心，怎麼安？沒有心，怎麼有心不安的問題？其實萬法皆空，無念、無相、無住、無得、無我。

類似的故事，也發生在禪宗二祖慧可和三祖僧璨之間，可參考《大慧普覺禪師語錄》：

三祖問二祖曰：「弟子身纏風恙，請師懺罪。」

二祖曰：「將罪來，與汝懺。」

三祖良久曰：「內外中間覓罪，了不可得。」

二祖曰：「與汝懺罪竟。」三祖當時便休歇去。

三祖風寒生病，請老師二祖幫忙懺罪，二祖就要他把罪拿來以便懺悔。三祖想了好久，就說在內（六種感官）、外（六種外境）、中間（六種意識）覓罪都了不可得。二祖就說既然覓罪了不可得，就等於替他懺罪完了。三祖聽後，立刻心安了。罪的感覺來自心，而心來自感官與外境接觸所產生的分別妄想，純屬緣起性空，了不可得。如果從大乘唯識學的認識論來說，境無唯識，「萬法唯識現，三界唯心造」。我們任何的境界認識，都來自阿賴耶識（儲存和顯現一切境界認識作用的根本識）的習氣種子，而習氣種子又來自過去的境界認識作用。因此，顯現境界的認識作用和儲存境界認識的心理作用都是緣起性空，不有不空，即有即空，無名無相，不可分別，真如唯識性。

前面說到積極的放下是智慧，而放下是放下分別妄想，不是消極的無作為。於《五燈會元》中，可見趙州禪師教導弟子嚴陽的善巧：

初參趙州，問：「一物不將來時如何？」

州曰：「放下著。」

師曰：「既是一物不將來，放下箇甚麼？」

州曰：「放不下，擔取去。」

師於言下大悟。

嚴陽參趙州禪師，問道：「一切不可得，要怎麼辦呢？」趙州禪師要他放下，嚴陽回說：「既然一切不可得，要怎麼放下呢？」趙州禪師就說：「放不下，就提起啊！」

放下或提起，都屬於分別妄想，一切不可得，該放下就放下，該提起就提起。餓了就吃，睏了就睡，清清楚楚，明明白白，不妄想，不分別，無礙自在。

二、看心不看相

面對未知的人生命運，很多人都會透過算命看相來找答案，期望從中得到安心的慰藉。我從小就很不喜歡算命看相，尤其是在進入佛門之後，我的老師告訴我：「學佛的人，不可以看相。」學佛的人不只自己不應該找人看相，也不應該替人看相。因為你一旦看了相，往往就著了相，看了相就被相所轉，自己就掙脫不了看相師的話，會受縛於他對相的了解，為什麼呢？因為凡夫沒有智慧，只會看表面，而表面所顯現的相都是虛妄的，我們凡夫顛倒，總是將虛妄的表象認為是真的。唯識學說，凡夫著名、著相而起分別，聖賢看到名、相的真如（緣起性空）而得正智。凡夫不看心只看相，聖賢不看相只看心。

《金剛般若波羅蜜經》說：「凡所有相，皆是虛妄；若見諸相非相，則見如來。」準此，「凡所有相，皆是虛妄；若見老相非相，則見如來。」如何見老相非相？看心不看相。老相髮白面皺，是緣起性空的，而心相不可得。

我少年白，四十餘歲搭公車就有人讓座，現在八十歲，更是一上車就有人從座位站起來了，臺灣最美麗的風景就是人，但我從不接受讓座，因為我覓心了不可得，哪有「生老病死相」！

（一）人因怕老苦而怕老

雖然多數人都過著十分平安的生活，但恐懼的陰影依舊揮之不去。丹尼爾．賈德納（Daniel Gardner）在《恐懼學：恐懼文化如何操控你的大腦》（*The Science of Fear*）一書中生動地闡述了這種困境：「我們身處有史以來最健康、長壽又富有的時代，但恐懼卻不減反增。這是這個世代最大的矛盾。」

五十多年前我第一次出國，終身務農的父親，堅持要我大哥帶他從臺南鄉下坐八個小時的火車，趕來臺北松山機場送我，見了面卻相對無語，蛋炒飯連一口也吃不下。在那個年代，有幾個人出過國？有幾個人知道外國是啥樣子？家父看過二戰期間美國「老母雞（機）」轟炸臺灣，飛機掉在我家村子的悲慘畫面，怎能不對兒子搭飛機產生極端恐懼？

喬治城大學心理學副教授艾比蓋爾．馬許（Abigail Marsh）醫師在科普影片《恐懼的化學》（*The Fear Factor*）中說明，恐懼是身體部位做出的假設：

> 恐懼是預期潛在傷害的心態。我們已知身體對可能發生的威脅極度敏感，而且將恐懼訊息傳遞至大腦的路徑也不只一條。

對於恐懼的反應可以分為二類：一是與生俱來的反應，源自遠古人類逃避野獸攻擊的求生本能。二是個人習得的反應，透過運動、肌肉放鬆、禪坐、祈禱、唱歌、均衡飲食等途徑可以減輕恐懼。

行為科學家凱薩琳．彼德曼（Catherine Pittman）及伊莉莎白．卡爾（Elizabeth Karle）合著的《扭轉你的焦慮腦》（*Rewire Your Anxious Brain*）一書中，提到恐懼與焦慮不同：

焦慮是一種複雜的情緒反應，類似恐懼。恐懼通常由當下某個明確、可識別的威脅引起。反之，焦慮則在無立即危險時產生。

人類天生就有死亡的恐懼，而老在人生過程中最接近死亡，所以老也變成恐懼的對象。怕老不只是因為接近死亡，還因為老會帶來許多痛苦和煩惱。

老苦（梵語 jarā-duḥkha，巴利語 jarā-dukkha）即衰老時身心所受的苦惱。生、老、病、死四苦之一，或生、老、病、死、愛別離、怨憎會、求不得、五陰熾盛八苦之一。

經典中有關老苦的開示汗牛充棟，這裡只略舉數則，以見一斑。《中阿含經．分別聖諦經》栩栩如生地描述老人的模樣和痛苦：

老者，謂彼眾生、彼彼眾生種類，彼為老耄，頭白齒落，盛壯日衰，身曲腳戾，體重氣上，拄杖而行，肌縮皮緩，皺如麻子，諸根毀熟，顏色醜惡，是名為老。

諸賢！老苦者，謂眾生老時，身受苦受、遍受、覺、遍覺，心受苦受、遍受、覺、遍覺，身心受苦受、遍受、覺、遍覺；身熱受、遍受、覺、遍覺，心熱受、遍受、覺、遍覺，身心熱受、遍受、覺、遍覺；身壯熱煩惱憂慼受、遍受、覺、遍覺，心壯熱煩惱憂慼受、遍受、覺、遍覺，身心壯熱煩惱憂慼受、遍受、覺、遍覺。

受是「感受」，遍受是「徹底地感受」；覺是「覺察」，遍覺是「徹底地覺察」。

人老的時候，有九種現象：頭白齒落，盛壯日衰，身曲腳戾，體重氣上，拄杖而行，肌縮皮緩，皺如麻子，諸根毀熟，顏色醜惡。對於身、心和身心交迫的苦、煩躁、強烈煩惱憂慼，就會「感受」、「徹底地感受」、「覺察」、「徹底地覺察」。這些是老年人常見的身心苦楚。

《正法念處經．夜摩天》記載，夜摩天王（梵語 Yāma 或 Suyāma 蘇夜摩。欲界六天中第三天名。譯言時分、善分，因善知時分受五欲之樂）告訴諸天眾（天神）一切生死無量諸苦，地獄、餓鬼、畜生三惡道的苦無法言喻，即使是天、人二善道都還有十六苦：

一者中陰苦；二者住胎苦；三者出胎苦；四者希求食苦；五者怨憎會苦；六者愛別離苦；七者寒熱等苦；八者病苦；九者他給使苦；十者追求營作苦；十一者近惡知識苦；十二者妻子親里衰惱苦；十三者飢渴

苦；十四者為他輕毀苦；十五者老苦；十六者死苦。

如是十六，人中大苦，於人世間乃至命終，及餘眾苦，於生死中不可堪忍。於有為中，無有少樂，一切無常，一切皆盡，一切敗壞。

從中陰身（死後生前妄想自我存在所產生的微細身）到投胎、出胎、老死都是苦不堪忍，沒有少樂，一切無常，一切壞滅。縱有少樂，也免不了老病死。對於老苦的描述如下：

老者能令一切身分羸瘦減劣，諸根皆熟，破壞少壯，拄杖而行，無有氣力，輕毀住處，背傴鼻戾，髮白死使，身意減劣。雖未命終，猶如畜生。諸天子！是則名為人中老苦，名色戲弄，不久必死。若見老苦而不怖畏，當知是人名為無心，猶如木石。以無心故，雖復人身猶如畜生。

諸天子！於人道中生為大苦，以有生故，是故老苦。

有生必有老苦，若見老苦而不恐懼，就是木石一般的無心人，雖是人的身體，卻猶如愚癡的畜生。

《佛說五王經》說：

何謂老苦？父母養育，至年長大，自用強健，擔輕負重，不自裁量，寒時極寒，熱時極熱，饑時極饑，飽時極飽，無有節度；漸至年老，頭白齒落，目視𥆨𥆨，耳聽不聰，盛去衰至，皮緩面皺，百節痠疼，行步苦極，坐起呻吟，憂悲心惱，識神轉滅，便旋即忘，命日促盡，言之流涕，坐起須人。

從前有五位國王，共相往來，最大的國王名普安，習菩薩行，其餘四小王常習邪行。大王想度他們，就邀請四王一起玩樂七日。他們要回國時，大王請四小王說他們所樂之事。四小王所樂無非名利美色，四小王說完，就請大王也講他喜歡什麼。大王先表達他對四小王所樂之事「非是久樂」的看法，再說：「我樂不生不死，不苦不惱，不饑不渴，不寒不熱，存亡自在。」四小王聽了很歡喜，問他的老師是誰，於是大王就帶了四小王去見佛陀，佛陀為五王說人生有八苦，諸王及侍從百千萬人聽了皆證須陀洹果。

須陀洹果是見到真理的聖人，斷了身見（執著於有「我」）、戒取見（執著於無益解脫的禁戒、禁忌）、疑（對於真理的懷疑猶豫，對佛、法、僧、戒的疑惑），最多於天界與人間往返七次就能涅槃。是四沙門果（解脫的四階段果位）的初果，又稱為預流果。

《大般涅槃經》說：

老者能為咳逆上氣，能壞勇力、憶念進持、盛年快樂、憍慢貢高、安隱自恣，能作背僂（曲脊）、懈怠懶惰，為他所輕。

年老力衰，不復盛年意氣風發，不僅自己受苦，亦惹人怨。

在《瑜伽師地論》中，對於各種苦都以五相來描述，老、病、死苦的五相是：

云何老苦？當知亦由五相。謂於五處衰退故苦。一、盛色衰退故；二、氣力衰退故；三、諸根衰退故；四、受用境界衰退故；五、壽量衰退故。

云何病苦？當知病苦亦由五相。一、身性變壞故；二、憂苦增長多住故；三、於可意境不喜受用故；四、於不可意境非其所欲強受用故；五、能令命根速離壞故。

云何死苦？當知此苦亦由五相。一、離別所愛盛財寶故；二、離別所愛盛朋友故；三、離別所愛盛眷屬故；四、離別所愛盛自身故；五、於命終時備受種種極重憂苦故。

以上各種經論所說的老苦大同小異，但每個人面對老苦的心態都不一樣，凡人哀怨消極，活在老病死的恐懼焦慮中；聖賢則能轉念，積極進取，以老苦為逆增上緣，修行證果。

（二）凡人因無知而怕老

美國社會神經心理學家艾比蓋爾．馬許（Abigail Marsh）利用「功能性磁振造影」（fMRI）仔細研究那些惡極和良善的大腦，發現大腦杏仁核的變化會影響恐懼情緒的反應，進而產生英雄或病態的行為。他在《恐懼的力量：為何有人捨身救人，有人惡意病態？一位心理學家探索大腦、神經和行為科學，實證揭露人性善惡真相之旅》（*Good for Nothing: From Altruists to Psychopaths and Everyone in Between*）說：

> 我們的研究結果顯示，真正無私的英雄不是起於缺乏恐懼，而是因為恐懼。

會把陌生人從火裡救出來，從水裡拉出來，捐腎給他，似乎都是因為真的知道所謂「害怕」是什麼意思。

這樣的認知也許部分是他們幫助他人的動力，他們的勇敢藏在辨識痛苦、同理痛苦的能力裡，同時在危險面前戰勝並克服自己的恐懼。

他們能無私的回應是因為當他們同理他人恐懼時，並不會讓害怕情緒淹沒自己的系統阻礙救助行動。

恐懼並不懦弱，反而富含力量。凡人和聖賢都會從恐懼產生力量，但凡人以此力量來規避問題，聖賢則以此力量來解決問題。

人生有種種恐懼，老病死苦的恐懼最為切膚之痛，凡人為什麼不能從煩惱中得到教訓以求解脫？因為無明（無知）和貪愛的關係。無明（惑）會產生貪、瞋等語言行為（業），貪、瞋等不善業會帶來苦的果報，苦果又會增加無明。惑、業、苦不斷輪轉，稱為輪迴：當中，無明最微細難知，卻是解決痛苦的終極下手處。

無明（梵語 avidyā，巴利語 avijjā），為煩惱之別稱。不如實知見之意，即闇昧事物，不通達真理與不能明白事相或道理之精神狀態。無明泛指無智、愚昧，特指不解佛教道理之世俗認識。

《佛說四自侵經》說：

愚不行道，但為身計，慕老病死危害之業，若干苦痛。如種五穀，還自食之，善惡如是，各自受之。

本已種惱，不當畏之而復恐懼畏老病死，四大之身，不免此難。水火、盜賊、怨家、債主、縣官、萬端同復畏之，不覺是苦。本由此生，反求嗜欲，人生在世，作是憂事，此非天與，非道使然，從本所行，自然獲之。

愚人不修行，只顧身體的享受，思思念念都是危害老病死的言行，因此就有各種苦痛。這就像種了五穀自己吃，每個人的善惡業也是一樣，自作自受。

種了煩惱的因，又恐懼老病死，實在沒有道理。地、水、火、風組成的身體，一定免不了老病死。大家都怕水火、盜賊、怨家、債主、縣官、萬端現象，卻不覺得人生是苦。苦本來是由這些因素所生的，卻又反過來追求嗜欲。人生在世，自尋煩惱，這不是鬼神給的，而是言行不端正帶來的。自己造惡業，自然會有煩惱痛苦。

《中阿含經．本際經》則提到環境的重要：

具惡人已，便具親近惡知識。具親近惡知識已，便具聞惡法。具聞惡法已，便具生不信。具生不信已，便具不正思惟。具不正思惟已，便具不正念、不正智。具不正念、不正智已，便具不護諸根。具不護諸根已，便具三惡行。具三惡行已，便具五蓋。具五蓋已，便具無明。具無明已，便具有愛。如是此有愛展轉具成。

在這段經文中，「具」的意思是具足；「有愛」的意思是對三有（欲有、色有、無色有，亦即生死輪迴的三界）的貪愛，此世死後，會牽引下世的「生、老、死、憂悲愁惱純大苦聚」，煩惱不斷。

無明是煩惱的因，而無明從哪裡來呢？依「十二因緣」的解說，無明來自前世的「生、老死」，這是就「俱生無明」（與生俱來的前世無明）而說的，如果就「分別無明」（此世產生的無明）而言，無明來自此世接近邪師邪教。

上引經文說明「分別無明」和煩惱產生的鎖鏈如下：具惡人（接觸惡人）→具親近惡知識（從知見不正確的人學習）→具聞惡法（聽信錯誤的知識）→具不信（不信真理）→具不正思惟（思惟不合邏輯）→具不正念（心散亂，不在當下）、具不正智（知見錯誤）→具不護諸根（六根不斷往外攀緣，不內斂）→具三惡行（貪、瞋、癡）→具五蓋（心中充滿貪、瞋、疑、昏沉、掉舉）→具無明（知見錯誤）→具有愛（貪愛會引生輪迴的三界），而「有愛」會引起煩惱。反之，如果接觸善人，就能熏習善知識，沖淡「俱生無明」的影響力，解脫煩惱。孟母三遷便是重視環境教育的影響力，《論語．季氏》也提到：

子曰：「益者三友，損者三友。友直、友諒、友多聞，益矣。友便辟，友善柔，友便佞，損矣。」

佛教強調智慧和慈悲，而智慧來自聞、思、修。學習的四要領是：親近善知識、聽聞正法、如理思惟、如法修證。在我們沒有足夠知識辨別老師是否善知識、老師教的是否正法之前，思惟就相當重要了。《大般涅槃經．迦葉菩薩品》提到，無明是一切煩惱的根本，而無明和不善思惟是互為因果的：

無明即是一切諸漏根本。何以故？一切眾生無明因緣，於陰入界憶想作相，名為眾生，是名想倒、心倒、見倒，以是因緣生一切漏，是故我於十二部經說無明者，即是貪因、瞋因、癡因。……

如是二法，互為因果，互相增長。不善思惟生於無明，無明因緣生不善思惟。善男子！其能生長諸煩惱者，皆悉名為煩惱因緣，親近如是煩惱因緣，名為無明。不善思惟如子生芽，子是近因，四大遠因，煩惱亦爾。

無明即是一切諸漏（煩惱）的根本。為什麼？一切眾生由於無明的關係，就對於五陰、十二入、十八界產生妄想，認為有真實的眾生存在，這種情況稱為思想顛倒、心理顛倒、見解顛倒，因此產生一切煩惱。所以，佛陀在十二部經中說無明即是貪因、瞋因、癡因。所謂五陰是色、受、想、行、識五種身心構成要素；所謂十二入是眼、耳、鼻、舌、身、意六種感官加上它們的六種境界——色、聲、香、味、觸、法；所謂十八界是十二入加上六種感官接觸六種境界所產生的六種心識——眼識、耳識、鼻識、舌識、身識、意識。

「不善思惟」和「無明」互為因果，互相增長。「不善思惟」生「無明」，「無明」生「不善思惟」。能生長諸煩惱的，都稱為煩惱因緣，親近這些煩惱因緣，稱為「無明」。「不善思惟」如種子生芽，種子是近因，地、水、火、風四大是遠因。煩惱也是有近因和遠因，近因是不善思惟，遠因是無明。

（三）聖賢因悲智而怕老

聖賢因為悲智而無所畏懼，慈悲讓他們無私、利他、同理他人的恐懼，智慧讓他們能夠化解自己和別人的恐懼。

《佛所行讚．厭患品》說：

菩薩久修習，清淨智慧業，廣殖諸德本，願果華於今。聞說衰老苦，戰慄身毛豎，雷霆霹靂聲，群獸怖奔走。菩薩亦如是，震怖長噓息，繫心於老苦，頷頭而瞪矚，念此衰老苦，世人何愛樂？老相之所壞，觸類無所擇，雖有壯色力，無一不遷變。目前見證相，如何不厭離？菩薩謂御者，宜速迴車還，念念衰老至，園林何足歡？受命即風馳，飛輪旋本宮。心存朽暮境，如歸空塚間，觸事不留情，所居無暫安。

據《佛說八師經》記載，佛陀對梵志耶句說：「吾前世師，其名難數；吾今自然神耀得道，非有師也。然有八師，從明得之。」佛陀的前世有數不清的老師，但這一世能夠神耀得道，不是因為老師的關係。雖然如此，卻有八位老師讓他開悟，這八位老師不是人，而是八件事令他反躬自省而成佛的。這八件事是殺、盜、淫、妄、酒、老、病、死。老是佛陀的第六位老師。佛陀說：

夫老之為苦，頭白齒落，目視䀮䀮，耳聽不聰，盛去衰至，皮緩面皺，百節痛疼，行步苦極，坐起呻吟，憂悲惱苦；識神轉滅，便旋即忘；命日促盡，言之流涕。吾見無常，災變如斯，故行求道，不欲更之。是吾六師。

佛陀從老苦之中見到無常，所以發心求道，解脫了生、老、病死苦。無師而能自覺自悟之聖者，稱為辟支佛（梵語 **pratyeka-buddha**，巴利語 **pacceka-buddha**），義譯為「獨覺」。

《大智度論》說：

辟支佛有二種：一名獨覺，二名因緣覺。因緣覺如上說。獨覺者，是人今世成道，自覺不從他聞，是名獨覺辟支迦佛。獨覺辟支迦佛有二種：

一、本是學人，在人中生；是時無佛，佛法滅。是須陀洹已滿七生，不應第八生，自得成道。是人不名佛，不名阿羅漢，名為小辟支迦佛，與阿羅漢無異；或有不如舍利弗等大阿羅漢者。

二、大辟支佛，亦於一百劫中作功德，增長智慧，得三十二相分：或有三十一相，或三十、二十九相，乃至一相。於九種阿羅漢中，智慧利勝，於諸深法中總相、別相能入；久修習定，常樂獨處。如是相，名為大辟支迦佛，以是為異。

辟支佛有二種：一是獨覺，此世成道，自覺不從他人聞法，又分大、小獨覺二種。二是因緣覺，聽佛說十二因緣，思惟而解脫者。

獨覺辟支佛觀大自然緣生緣滅而悟道，因為前世聽過佛法有了善根，而且萬法皆是佛法，語言文字只是把佛法說出來而已，並不是真理的本身。「事待理成，理依事顯。」真理的體悟離不開事相，不能光靠文字語言，否則就是「說食數寶」，毫不受益。

《阿彌陀經》提及，大自然的一切都在說法，善能用心者可以從大自然開悟：

彼佛國土微風吹動，諸寶行樹及寶羅網出微妙音，譬如百千種樂同時俱作，聞是音者，皆自然生念佛、念法、念僧之心。

不僅如此，從老病死的必然，可以悟到其中蘊含的解脫真理。

（四）怕老是一種煩惱嗎？

怕老是一種煩惱，如果不當作煩惱，就不會尋找老的原因及其解決之道。佛陀成道後所講的第一部經《轉法輪經》說：「苦為真諦，苦由習為真諦，苦習盡為真諦，苦習盡欲受道為真諦。」這就是佛教思想定海神針的苦、集、滅、道四聖諦，知苦才能發出離心，進而探求苦因（集）、斷苦因（道）而證解脫（滅）。

大乘根機則發菩提心，以般若空慧通達煩惱即菩提，輪迴即涅槃，苦與滅不二，集與道無別，提起就是放下，利他就是利己。

二〇二五年五月中旬，我參訪了九江及廬山東林寺、西林寺、大林寺

（已廢，掘地為廬明湖），看到蘇東坡吟詠廬山美景的題壁詩，氣韻生動，遒勁有力，訴說著千餘年來的老病死觀照：

橫看成嶺側成峰，遠近高低各不同；
不識廬山真面目，只緣身在此山中。
（〈題西林壁〉）

廬山煙雨浙江潮，未到千般恨不消；
及至歸來無一事，廬山煙雨浙江潮。
（〈觀潮〉）

溪聲盡是廣長舌，山色無非清淨身；
夜來八萬四千偈，他日如何舉似人？
（〈題廬山東林寺壁〉）

第一首詩描述人們以不同角度看世界，所以看到的世界就不同。一〇八四年，蘇東坡被貶由黃州（今湖北黃岡）改遷汝州（今河南臨汝）團練副使，路經九江，與友人蔘寥同遊廬山。瑰麗的山水觸發逸興壯思，於是寫下〈題西林壁〉。廬山只有一座，沒有第二座。從縱看、橫看廬山的現象來說，廬山確實有成嶺成峰的遠近高低不同，但無損於廬山的做為廬山。每個人心境不同，對老病死的看法就不同，老年有人成為老番顛、老頑固，有人享受樂齡、長青。李商隱〈登樂遊原〉「夕陽無限好，只是近黃昏」，雖能樂享晚年，猶有來日無多的感慨；劉禹錫〈酬樂天詠老見示〉「莫道桑榆晚，為霞尚滿天」，則是「現法樂住」的曠達。人們在老病死降臨之前，從來不會對它正視一眼，等到老病死逼近，就慌了手腳；有如不從高空觀廬山，就得不到它的全景，等到一進入廬山，「不識廬山真面目，只緣身在此山中」。其實，面對老病死，既不可以悲觀，也不可以樂觀，老病死只是人生的實相，只是生命的必然過程，應該如實正見它的緣起性空，活在當下，不執著不分別，現在心既稍縱即逝，過去心和未來心也是夢幻泡影，「三心不可得，千金易化」。

第二首詩〈觀潮〉寫於一一〇一年，六十四歲臨終前的蘇東坡，不再意氣風發，他歷經殘酷的政爭貶謫，家人的生離死別，滄海桑田，往事如煙，千般折磨恨始消，雲淡風輕。做為父親，以這首詩希望兒子也能夠體會人生的無常中有恆常的空性道理。詩的最後一句旋復第一句，正是「低頭便見水中天，退後原來是向前」，人「赤條條地來，赤條條地去」，曾經的欲望、執念轉眼成空。拚搏了一輩子，榮辱成敗如廬山煙雨與浙江潮的各擅勝場，但廬山煙雨自廬山煙雨，浙江潮自浙江潮，法爾如是，不管人生如何跌宕起伏，到頭來老病死。

第三首詩〈題廬山東林寺壁〉，描述開悟者的豁達境界，萬事萬物都是緣起的現象，背後的原理是無我、空性、唯識現、唯心造。大塊假我以文章，萬物靜觀皆自得，參透了「事待理成，理由事顯」，天地與我混同，無二無別。每個人的老病死狀況都不同，因為每個人的所思所言所行都不同。萬法歸一心，一心無來去，這種觸目皆是的絕對真理，不能言傳，不能思議，只在悟處。

如何悟？王國維《人間詞話》說：

古今之成大事業、大學問者，必經過三種之境界：「昨夜西風凋碧樹，獨上高樓，望盡天涯路。」此第一境也。「衣帶漸寬終不悔，為伊消得人憔悴。」此第二境也。「眾裡尋他千百度，驀然回首，那人卻在燈火闌珊處。」此第三境也。

人生從童年到壯年，豪氣干雲，埋頭苦幹，不知老之將至，這是「看山是山，看水是水」的人生第一階段。在職場翻滾一番之後，始知完全不是自己想像的那麼一回事，老病死將洗盡鉛華，這是「看山不是山，看水不是水」的人生第二階段。若能反觀自省，老病死的恐懼焦慮，正是聞、思、修的悟道轉機，並以此教化眾生看破老病死，這是「看山仍是山，看水仍是水」的人生第三階段。

老病死的超越亦復如此，初看老病死確實是老病死，幾度峰迴路轉乃知老病死的緣起無自性空，最後不落頑空發揮老病死的正面意義。

（五）如何抗老？

抗老需要智慧，否則就會變成煩惱。

抗老可以從生理、心理兩方面去做。生理性的抗老包括養生、運動、休息、娛樂、醫藥、環境衛生等，能夠延遲老化，卻逃避不了老病死。古今中外，人類不斷地追求長生不老之術，卻無一成功，因為「有生必有老病死」是打不破的真理。真正的抗老，就必須從心理方面下工夫。

《四不可得經》敘述四位梵志兄弟練得五種神通，為避免無常的逼迫，遂於預知命終之期後，老大踊身空中躲起來，自信無常鬼找不到他；老二隱身市中人鬧之處，自認無常鬼隨處可以抓到人，何必抓他？老三遁入大海，認為海中有那麼多魚蝦，無常鬼何必找他？老四跑到大山無人之處，把山劈成兩塊，藏在中間再令山合起來，信心滿滿無常鬼絕對找不到他。四人各各避命，竟不得脫；老大從空中如成熟的水果一般墮地死亡，老二死在眾人中，老三被魚鱉吃掉，老四也死在山中。

佛陀在祇樹給孤獨園，以天眼目睹此一事緣，乃對諸比丘說：

> 此四人闇昧不達，欲捨宿對，三毒不除，不至三達無極之慧，古今以來誰脫此患？

佛陀說這四位兄弟真是愚癡，不知「有生必有老病死」的道理，如果想逃避老病死，不除貪、瞋、癡三毒，不證得三達的最高智慧，古往今來無人辦得到。（三達：在阿羅漢稱為三明，在佛稱為三達。知之而明，謂之明；知之而窮盡，謂之達。即天眼、宿命、漏盡。1. 天眼知未來之生死因果；2. 宿命知過去之生死因果；3. 漏盡知現在之煩惱而斷盡之。）

佛陀告諸比丘四不可得的道理：1. 常少不可得，無法達到常為年少之願望；2.無病不可得，無法達到永保健康之願望；3.長壽不可得，無法達到長生不老之願望；4.不死不可得，無法達到永生不死之願望。

佛陀告訴諸比丘：因為眾生誰也逃不掉這四種苦難，所以佛陀才出世宣說不老不死的各種法門，尤其特別推崇大乘法門。

行菩薩道多所度脫，猶眾星中月而獨光，光如日初出一時悉遍，猶如炬火在所如照，療諸病如良醫，度群黎如船師，安三界猶國主，降異道如師子。道心普如虛空，心等如地，洗垢如水，燒諸罪如火，遊無礙如風。

行菩薩道透過利他來利己。在利他方面，菩薩道法門無量，故可度脫無邊眾生，有如眾星中月光最亮，太陽一出來就普照大地，火炬照亮四周，良醫療治各種病，船夫把人渡到彼岸，降伏外道如獅王無所畏懼。在利己方面，菩薩的道心廣大無邊如虛空，厚德載物平等如大地，洗盡煩惱塵垢如水，燒盡罪惡如火，周遊法界無礙如風。

抗老更是悉達多太子出家修道成佛的契機。話說悉達多太子初出城門看到老人就決定出家，後來再三次出城門分別看到病者、死者、修行者，出家的決心就益加不可動搖了，父王以王位後繼無人勸阻，悉達多太子就以抗老為理由力爭。

《普曜經．四出觀品》說：

> 欲得四願，假使聽我還得自在；得是願後不復出家。何謂為四？一者、欲得不老，二者、至竟無病，三者、不死，四者、不別。神仙五通雖住一劫不離於死，假使父王與此四願，不復出家。

悉達多太子說如果他的四願能夠滿足，他就不出家了。哪四願？1.不老、2.終身無病、3.不死、4.不別離。神仙都辦不到這四件事，父王無奈勉強答應，但還是親身和五百大力士徹夜守城門，阻擋太子出城，悲憫眾生的宿願終究讓太子完成出家、修道、成佛、說法度眾的大業。

如何抗老而不老呢？《雜阿含經·一〇經》說：

為道當自端心正意，當去愚癡之心，無愚癡之行，息不行惡，不行惡不受殃，不受其殃不生，不生亦不老，不老亦不病，不病亦不死，不死便得無為泥洹道。

修行應端正心意，祛除愚癡，增長智慧，不做愚癡的行為，如此就可以不遭殃，死後不再輪迴，不生就可以不老病死，不死就是涅槃。

《師子月佛本生經》說：「戒為甘露藥，服者不老死，戒德可恃怙，福報常隨己。」戒是甘露藥，守戒可以不老死，戒德是可以依靠的，守戒的人常有福報隨身。

《央掘魔羅經》則說不老病死性是佛性：

一切諸佛極方便求如來之藏病不可得，無病性是佛性，於一切眾生所無量相好清淨莊嚴。

一切諸佛極方便求如來之藏老死不可得，不老死性是佛性，於一切眾生所無量相好清淨莊嚴。

一切諸佛以各種方法求如來藏的老病死，都得不到，換言之，如來藏沒有老病死。如來藏又稱佛性，佛性是成佛之後的心性，而人人本具佛性，佛性「在聖不增，在凡不減」，只要保持清淨心，不分別，不著相，不攀緣，就證得佛性，證得佛性就不老病死。

老只是身體年齡增加，赤子之心依舊，唯其心不老，乃可以盎然法界，陽光普照，享受難得的悠閒和豐富，悠閒於心靈世界，豐富於人生體驗，可以自怡，可以化他。

（六）學佛永遠不嫌晚

英國大文豪莎士比亞（William Shakespeare）在《亨利四世・第一幕》（*King Henry IV*, Part 1）說得好：「人生苦短，若虛度年華，則短暫的人生就太長了。」（**The time of life is short; to spend that shortness basely, it would be too long.**）

二〇〇五年，高齡八十一歲的著名武俠小說家金庸（查良鏞），遠赴英國劍橋大學深造，修讀歷史碩士及博士學位，二〇一〇年以八十六歲高齡獲得博士學位。

臺灣將進入超高齡社會，大學中時常遇到超高齡學生，實踐了「活到老，學到老」的理念。俗話說：「不怕慢，只怕站。」學海無涯，學無止境，學佛是沒有年齡分別的，學佛是生生世世的大事，直至成佛之前都必須不斷學習。

《大般涅槃經》說：

爾時，鳩尸那城有一外道，年百二十，名須跋陀羅，聰明多智，誦四《毘陀經》，一切書論無不通達，為一切人之所宗敬。其聞如來在娑羅林雙樹之間將般涅槃，心自思惟：「我諸書論，說佛出世極為難遇，如優曇鉢花時一現耳。其今在於娑羅林中，我有所疑，試往請問，瞿曇若能決我疑者，便是實得一切種智。」

佛陀入滅前所度的最後一位弟子，便是高齡一百二十歲的須跋陀羅（或譯蘇跋陀羅），聰明多智，讀誦婆羅門教的四《毘陀經》（或譯《吠陀經》），一切書論無不通達，為一切人所宗敬。他聽到如來在娑羅林雙樹間將般涅槃，心中思惟：「我教的書論，說佛出世極為難遇，如曇花一現。佛陀今在娑羅林中，我有所疑，試往請問，瞿曇若能解決我的疑問，便是實得一切種智。」佛陀為他講解八聖道，須跋陀羅就證了阿羅漢果，在徵得佛陀的同意後就先入涅槃了。

一百二十歲的外道，尚且如此好學，我們比他年輕多了，豈可不學？

三、身老心不老

（一）真心不老

老人的身體衰老是必然的，但是心可以不老。心不老，不是要人去當「老不朽」，而是心本來就是不老的。心怎麼會老呢？真正的心是我們的佛性，佛性是不生不滅的，如《心經》所說：「是諸法空相，不生不滅，不垢不淨，不增不減。」不生不滅，佛性本自具足，本如虛空，所以我們的心是不會老的。如果說心會老，那是因為有妄想，那不是我們的真心，而是假心。我們如果因為外境的影響，而產生妄想執著，這是假的心，讓人會老、會病、會死，但我們的真心是不會老的。

為什麼身體會老？因為身體出生以後，隨之而來的就是老病死的必然現象。但是我們只要安住在真心之中，就能享受生、老、病、死的變化，一如春、夏、秋、冬的四季美景變化，其實是多彩多姿的！「春有百花秋有月，夏有涼風冬有雪，若無閒事掛心頭，便是人間好時節。」我們要歡迎老的到來，乃至於死的光臨，如果大家都不死，世間如何進化呢？

生命早逝的人，沒有辦法欣賞老年的風光。當你能安然活到老年，表示你的人生歷練很豐富，如果你感覺老得很苦，其實只需要一個「覺」字，便會發現人生的風景大不同。佛門稱學佛的銀髮族為「老菩薩」，菩薩的全稱是「菩提薩埵」，意思是「覺有情」。「覺」是覺悟、覺醒的意思，「薩埵」的意思是有情眾生。菩薩在擁有覺悟他人的能力之前，一定是要先自我覺醒的。當你願意發心修行，就是菩薩！老年人通常有更多的修行機會，不再需要為三餐奔波，而且因為對人生的體會深刻，知苦，離苦也不遠了，所需的只是修行方法。當老菩薩邁向了修行路，每一條路便都是菩薩道，隨時隨地都能隨緣隨力，盡己所能去分享生命的風華。

（二）保持飢餓的大智若愚

一九六九年七月二十一日（美國時間是二十日），臺北蒸籠般的酷暑，逼得我走進臺大對面的一家冰果店，目的倒也不是為了吃冰消暑，而是為了看電視轉播美國阿波羅十一號太空船載著尼爾．阿姆斯壯（Neil Armstrong）和巴茲．艾德林（Buzz Aldrin）成功軟登陸月球，成為歷史上最早登陸月球的人類。此後，阿波羅計畫共有六次把太空人送上月球，美國是全球唯一把人送上月球的國家。這次壯舉改變了人類的宇宙觀，也讓中國的月亮神話被討論了好長一段時間。

在中國古代神話中，最為人們所津津樂道的月神話，要屬「嫦娥奔月」，然而，中國最古老的月神話卻非「嫦娥奔月」，而是在月宮中陪伴嫦娥的搗藥玉兔、蟾蜍，還有吳剛隨砍隨合，永無休止的桂樹。

佛經中也有很多關於月球的神話，譬如《長阿含經．世記經．世本緣品》就說：

月宮殿有時損質盈虧，光明損減，是故月宮名之為損。

月有二義：一曰住常度，二曰宮殿。

四方遠見故圓，寒溫和適，天銀、琉璃所成。二分天銀，純真無雜，內外清徹，光明遠照；一分琉璃，純真無雜，外內清徹，光明遠照。

月宮殿縱廣四十九由旬，宮牆及地薄如梓柏，宮牆七重，七重欄楯、七重羅網、七重寶鈴、七重行樹，周匝校飾以七寶成，乃至無數眾鳥相和而鳴。

幾乎每個古代民族都有日、月、星辰等萬物的神話，譬如羅馬神話中的月神稱為黛安娜（Diana），而黛安娜就變成了美女的代名詞，現今英國國王查爾斯三世（Charles III）的元配就叫黛安娜。

人類對月球的科學性探測，始於一六〇九年義大利的天文科學家伽利略（Galileo Galile）．他以自製望遠鏡，從地面詳細觀察月球表面的山脈和隕石坑。一九五九年九月十四日，蘇聯發射月球撞擊探測器「月球二號」撞擊月球表面，開啟了蘇聯（俄）、美國、中國、日本、印度等國的太空船登陸月球競賽。

史都華．布蘭德（Stewart Brand）團隊於一九六六年發起一項運動，要求美國太空總署（NASA）釋出從月球及太空拍攝地球的相關圖片，並出版《全地球目錄》（*Whole Earth Catalog*）。在一九七四年出版的最後一期封底，是晨曦朦朧霧色中有一輛車子在曠野中駛向遠山的畫面，上頭有二句話"Stay hungry. Stay foolish."年輕的賈伯斯（Steve Jobs）看了內心大為震撼，就向布蘭德索取親自簽名的該期刊物，也成就了迄今未衰的「蘋果傳奇」，雖然賈伯斯早於二〇一一年十月五日因胰腺神經內分泌腫瘤（NET）過世。

"Stay hungry"的字面意思是「保持飢餓」，可以指對知識、行動、目標的飢餓，但其真意是不要滿足於目前的成功。幾十年前的老電影《洛基》

（*Rocky*），主角因為窮，因為時常捱餓，讓他有動力辛苦接受培訓，在第一集幾乎打敗了黑人拳王，在第二集就贏了。但第三集當洛基成功了，已經不窮、不飢餓了，就輸給T先生，因為T先生有洛基之前的飢餓。《孟子》說：「富貴不能淫，貧賤不能移，威武不能屈，此之謂大丈夫。」「天將降大任於是（斯）人也，必先苦其心志，勞其筋骨，餓其體膚，空乏其身，行拂亂其所為，所以動心忍性，增益其所不能。」保持追求目標成功的動力及熱情，就是一種飢餓。「少小得志，大未必佳。」許多人在成功後志得意滿，就難逃失敗的命運。大多數老人都已打過人生的一場好仗，尤應「保持飢餓」，不斷學習，以「持盈保泰」。

"Stay foolish"的字面意思是「保持愚蠢」，可以指「大智若愚」，保持謙卑，但其真意是要有勇氣當蠢人，一九九四年發片的美國喜劇電影《阿甘正傳》（*Forrest Gump*），敘說主角阿甘的人生經歷，他雖然智力低下但心地善良，不怕失敗和嘲笑，勇敢地愚蠢下去，一直嘗試新的東西，終於闖出一片天地。以前很多人覺得世界是平的，飛機也是天方夜譚，以為人可以飛起來的都是傻子，但經過無數科學家的努力，大家都知道地球是圓的，飛機在天空飛稀鬆平常，人可以搭飛機飛上天空。我們要不停止嘗試，以最大熱情追求夢想。老人可以服老，卻不可以服輸，要不停地學習，像龜兔賽跑中的烏龜，雖然走得慢，但不停地走，終於獲得最後勝利。

求知若渴（Stay hungry）等同驅動力，力爭上游，渴望達成目標、學習、成長、不自滿於目前成就。虛懷若谷（Stay foolish）等同冒險，勇往直前，樂以探索新觀念，接受一切挑戰。

（三）老菩薩妙相莊嚴

拜醫學發達之賜，現代人大都凍齡了，頭髮白了可以染黑，皮膚皺了可以拉皮，甚至做醫美微整型，所以不容易看出實際年齡。然而，外表年輕，並不代表內心也年輕有活力。如果一個人的生命沒有目標，缺少方向感，還是會顯現疲憊的老態，而學佛人會愈活愈有力，因為無處不是可以自利利人的菩薩道。「人生七十才開始」，學佛永遠不嫌晚，隨時隨地都可以是美好的起點。

服老是生理上服老，但心理上不可服老。動作要慢，不做超出體能範圍的事；卻要有「愚公移山」、「精衛填海」、「鐵杵磨成繡花針」的精神。

佛教認為「心」是相之本，相由心生。唯識學是「不有不空」的中道了義教，唯識學家如何界定聖賢跟凡夫的不同呢？凡夫不知相由心生，執著語言相、文字相、表相，因而不得自由，不得解脫；聖賢則知相由心生，直觀唯識性，不為語言相、文字相、表相所障礙。因此，我一直鼓勵大家，與其看相不如看心，看看你的心是怎麼樣子，是清淨的或汙染的？看看你的心是為著自己的名利、地位，還是為著別人的福利？我們騙得了別人，但騙不了自己，尤其騙不了因果關係。

很多人發現學佛的老人家，看起來特別慈祥，慈眉善目，真的是「老菩薩」！老菩薩的相貌看起來特別莊嚴，這表示他們的心不但今世非常清淨，前世也一定很清淨，否則不可能生來就妙相莊嚴。我相信只要今生有機會接觸佛法，長相一定會比從前好看，生活也一定會比從前快樂，因為學佛者都是學菩薩自利利他，所以會人見人愛，大家一看到就生歡喜心。假如心是自私的，只為自己的利益著想，不考慮別人的感受和需求，別人一見就會感到討厭。因此，與其看相，不如看心，而看心要自己去看。

修行者能夠看透別人的心，因為他們的心非常細，細到可以聽見別人心跳的聲音，可以聽見螞蟻在地上跑的聲音，甚至可以聽到別人心中的話。無論你的心在想什麼，大修行者都能知道，他們只要看你一眼，就知道你在想什麼了。很多人去算命看相時，才剛剛坐下來不久，算命師就已將你的狀況知道得八九不離十，更何況是大修行人呢！

世間法從相看老，佛法則是從心看老；世間法教人從抗老到服老，佛法則是以智慧教人身可以老，但心不能老。

第二篇

認識老

……

老是什麼？

一、好好變老

（一）人口學對老的定義

這麼多人怕老，但究竟什麼是老？人們對老的定義，其實是隨著時代、隨著空間而改變的。

人類歷史上絕大多數時間的平均壽命是四十歲上下，但因為新生兒約有三分之一可能活不過一歲，實際上成年人的壽命可能會落在五、六十歲之間，而六十歲以上就可視之為長壽。

三萬五千年前尼安德塔人時代，人類平均壽命大概是三十歲，到了十九世紀，壽命增加不多，也才來到四十歲左右，但是最近一、二百年，人類壽命增加速度飛快，一口氣增加一倍，增到八十來歲左右。

十四世紀義大利詩人但丁（Dante Alighieri）認為，四十六歲以後就是老人。一百五十年前的英國，首先出現明確的年齡定義：五十歲可以稱為老人，六十或六十五歲以上就是長壽。

每個時代、每個國家的平均壽命都不同，因此老人的年齡定義一直在改變。隨著人類平均壽命的增加，老年的歲數也一直在推高。臺灣一般來說，以六十五歲為退休年齡，所以六十五歲以上，便是老人；但老人醫學專家則認為將七十五歲設定為老年人比較合理，因為人的身心功能與健康狀況在過了七十五歲後，才會有比較明顯的衰退，同時所花的醫療費用也會大幅增加。

臺灣在近七十年前，女性的平均壽命約六十歲，男性的平均壽命約六十四歲，可是現在，女性的平均壽命八十四歲，男性七十八歲。只不過六十年的時間，臺灣人的平均壽命就提高了如此之多，這是醫藥進步、健保制度完整、公衛體系健全、嬰兒夭折幾乎是零、注重養生運動等因素所致。到了二〇二五年，臺灣六十五歲以上的老人，預計將占全人口的百分之二十，正式進入「超高齡社會」。

（二）佛法對老的定義

1. 老有六種

人口學對於「老」的定義，是以身體活到某一個歲數來計算的，佛教則不然。佛法對於老的定義非常有趣，充滿啟發。

老，梵語 jarā，唯識宗二十四不相應行法（依身、心過了某個時間所立的假名）之一，指身、心的相續變異。我們的身、心分分秒秒都在相續改變，因此分分秒秒都在老，並不是身體年齡大到某個歲數才稱為老。

各種佛教經論對於老的定義和解釋大同小異，其中以《瑜伽師地論》所說最為詳細：

復次，老差別當知亦有多種。所謂身老、心老、壽老、變壞老、自體轉變老。

此中，衰變等乃至身壞，廣說如經，是名身老。

若樂受相應心變，苦受相應心轉；或善心變，染污心轉；或於可愛事中，希望心變，希望不果心轉；是名心老。

若於彼彼晝夜，彼彼剎那（約零點零一三秒）、臘縛（約一分三十六秒）、牟呼栗多（約四十八分）等位，數數遷謝，壽量損少，漸漸轉減，乃至都盡；是名壽老。

若諸富貴興盛退失，無病色力充悅等變；名變壞老。

若從善趣增盛聚中，自體沒已，往於惡趣下劣聚中，自體生起；名自體轉變老。

復有一老為緣，能成如上所說一切種老。所謂諸行剎那、剎那轉異性老。

佛法將老分為六種：1.身老：身體衰變而後死亡。2.心老：快樂變為痛苦、善心變為染汙心、希求心變為厭惡心。3.壽老：壽量剎那減少，乃至死亡。4.變壞老：富貴興盛變為貧賤、無病健康變為疾病無力。5.自體轉變老：此世是人、天神，來世墮落到畜生、餓鬼、地獄。6.諸行剎那、剎那轉異性老：讓上述五種老發生的緣。

老的狀況因人而異，有人年紀輕輕就老態龍鍾，有人到了老年還虎虎生風。戰國時代的趙國名將廉頗，可謂老當益壯的代表人物，這位老將能一口氣吃下一斗米飯及十斤肉，披甲上馬，威風凜凜。虛雲老和尚於一百二十歲示寂，他一生重建寺願多達八十餘所，大部分都於他晚年中興而成，他復興佛教的百折不撓毅力，成為激勵後人的精神典範。

2.老是進行式

我們不要被「老」字的表面意思所欺騙，也許可以用英文字aging來解釋。aging的字根是age（年齡），age當動詞用，是年齡增加的意思。age加上ing，就變成aging，意思是年齡不斷在增加。也就是說，我們一出生就已經開始在老了。老不應該用年齡來界定它，我們要用佛法的真實義來詮釋，才能珍惜人生、善用人身，自利利他。

人為什麼會老？因為萬事萬物都只是進行式的存在，並非永恆不變的存在。老如何表現出來？透過時間，隨著時間的流逝，我們於剎那中在老。

對於時間的說明，有日常經驗與物理學二種視角。在日常生活中，我們能感受到時間正在不斷流動，也能感受到時間由過去趨向未來的變化。然而，這些在日常生活中感受到的時間現象，並不真的符合當代物理學理論，特別是愛因斯坦（Albert Einstein）的相對論。從物理學的視角來看，時間是相對性、而非絕對性的存在。

一切事物遷流不息，假立過去、現在、未來三種時間。離事物，別無三世的實體。以人而言，時間的感受因人而異，時間是人構想出來的概念，有人才有時間。《大佛頂首楞嚴經》（簡稱《楞嚴經》）說：「觀其（識陰）所由，罔象虛無，顛倒妄想以為其本。」心意識是眾緣所生的，而眾緣也是眾緣所生的，所以心意識執著萬事萬物為實有，其根本是顛倒妄想。

既然心意識是由顛倒妄想生起的，那麼心意識生起的物質和精神概念，也是顛倒妄想的產物，此即《楞嚴經》所說：色陰（五官和種種物質概念），堅固妄想以為其本；受陰（種種感受），虛明妄想以為其本；想陰（種種概念），融通妄想以為其本；行陰（種種意志概念），幽隱妄想以為其本。

《楞嚴經》告訴我們：因為我們的心意識顛倒妄想，所以妄想實有堅固的物質，妄想實有苦樂不定的感受，妄想實有「其大無外，其小無內」的想像，妄想實有未來我要如何如何的志願。

時間是在精神和物質變化上假立的概念，並不真實存在。《雜阿含經．八六三經》說：「人間千六百歲是他化自在天一日一夜，如是三十日一月，十二月一歲，他化自在天壽一萬六千歲。」他化自在天（欲界最高的天神及其所居住地）的一年，等於人間的五十五萬六千年，而他化自在天的壽命是一萬六千歲，等於人間的八十八億九千六百歲。因此，人如果想要長壽不老，前往他化自在天就可以了。

所謂老，所謂壽命，都是相對的概念，都是顛倒妄想的產物。

透過戒、定、慧的修持，可以證得寂靜涅槃，沒有時間的妄想，沒有空間的妄想，即使身體有生、老、病、死的相續變異，真心是永遠不生不滅的，這是修持佛法的目標，超越實有時間、空間的顛倒妄想就得到寂靜涅槃。

二、老死不是一件壞事

（一）如果沒有老

再來談老死的作用。「老死」到底是一件好事還是壞事呢？一切萬事萬物其實都沒有好、壞的差別，端看我們的心態。

一般人都不喜歡老，可是老的作用確實很好。佛法把「老」定義為相續變異，等於說老是演化的動力。沒有老，一切都停滯不前了，人類也不會走到今天的文明社會。當然，如果人類不善用老的演化契機，也會帶來副作用，譬如氣候變遷、環境破壞、物種消滅、臭氧層破洞、南北極冰地融化、資源枯竭等，都對人類生存產生巨大威脅。

如果沒有老的作用，想想看我們永遠都是小嬰兒，永遠都長不大，永遠都在地上爬，這該如何活下去？我們永遠都站立不起來。如果種子不會相續變異，永遠都是種子，不會發芽，不會生根，不會成長，不會開花結果。

如果不會老，我們這個世界會變成什麼樣子？到處都是人，到處都是眾生，沒有生、老、病、死的變化，人擠人我們要怎麼活下去？老就是讓我們更加成熟，讓我們成長，讓我們能夠了解無常的積極意義。

（二）老的好處

1. 老的功德是新陳代謝

我們往往用消極、悲觀、恐懼的心態來看老，其實老是很好的。你不相信嗎？諸位在比你年輕的朋友面前，他一定會禮讓你，除非他一點禮貌都沒有。想想看我們在多少年前遇到長者，總是站在旁邊，總是要讓位，可是現在因為老而讓我們受到尊敬，很多人都會禮讓我們。老使得世間一直在成長，使得文化、文明一直在動，一直在演化。沒有老，我們不可能進步，會停留在原地不動。

老的功德就是新陳代謝，一切總是要淘汰的，否則媳婦怎麼熬成婆呢？學生怎麼熬成老師呢？老的功德非常大，讓人人都有成長的機會，只要不英年早逝就好了！

2. 愈老愈有時間修行

佛教以「不殺生」為第一條戒，告訴我們不要殺生，連自殺都屬於殺生，要活得愈老愈好，因為愈老愈有時間修行。「人身難得今已得，佛法難聞今已聞，此身不向今生度，更向何生度此身？」學佛前即使做了錯，也可以透過懺悔而重報輕受。

有些人覺得自己年紀已大，來不及修行了，其實老不是問題，只要肯覺悟，就比別人有更多機會淨化內心。為什麼？絕大多數人年輕時，都在拚事業以養家活口，畢竟上有父母、下有兒女要照顧，接觸佛法的機會其實不多，縱然有緣接觸，學習佛法、修持佛法的時間也非常有限。如果糊里糊塗地這樣就死了，此生豈不枉費難得的人身？正因為我們能夠多活這麼多年，甚至活到退休之後，所以更有機會和時間修學佛法、深入佛法。由此看來，老的功德大不大？確實很大。「老」是很美好的事，大家不必怕老，應該要感恩老、享受老，體驗如何好好變老！

三、分分秒秒都在老

（一）少時不知老來苦

很多人最害怕的事，除了死亡，就是老，認為一旦老了，「好日子」便走到頭，要開始過「苦日子」。但是，什麼是苦呢？佛法所談的苦和一般世人所看待的苦，有什麼不一樣？人只要老了，便只能認命受苦嗎？

人生是苦海，所以我們需要法船，帶著我們從生死煩惱的此岸，前往涅槃寂滅的彼岸。身心是苦藪，是苦的根源。佛法如何看待人生苦海呢？

（二）三苦和八苦

佛陀觀察人生的真相就是苦，所以他把苦稱為真理——苦聖諦。苦聖諦不是悲觀主義，而是實觀主義，甚至是樂觀主義，因為苦是人生的真實，而且只有感受到苦，才會想離苦（滅聖諦），想離苦就必須知道苦的因緣（集聖諦）和斷除苦的因緣（道聖諦）。聖人已知苦、已斷苦因、已修滅苦因之道、已證苦滅，並把四聖諦的真理教導眾生。整體佛法是圍繞著苦而開展出來的，《長阿含經．阿摩晝經》說：「諸佛常法，說苦聖諦、苦集聖諦、苦滅聖諦、苦出要諦。」

佛法並不否認人生也有快樂，譬如親情、愛情、有情、名位財富、吃喝玩樂。北宋汪洙《神童詩．四喜》就說人生有四大喜事：「久旱逢甘雨，他鄉遇故知；洞房花燭夜，金榜題名時。」

然而，早期佛法卻把苦當作是人生的真理，人生的一切無非是苦，這又怎麼說呢？

佛法對苦的分析非常微細，不是一般人所認知的苦。《阿毘達磨俱舍論．分別智品》說：

苦聖諦有四相：一非常，二苦，三空，四非我。

待緣故非常，逼迫性故苦，違我所見故空，違我見故非我。……

又非究竟故非常，如荷重擔故苦，內離士夫故空，不自在故非我。……

又為治常、樂、我所、我見，故修非常、苦、空、非我行相。……

如是行相以慧為體。

苦、集、滅、道四聖諦各有四行相（特徵），共十六行相，而行相的了知是靠智慧。其中，苦聖諦有四相：1. 非常（無常）、2. 苦、3. 空、4. 非我（無我）。

「非常」的三個意思：相待因緣而生、非究竟、為了對治人生是「常」

的邪見而修。「苦」的三個意思：逼迫性、荷重擔、為了對治人生有「樂」的邪見而修。「空」的三個意思：1.身心不是「我的」、2.身心內沒有輪迴的主體、3.為了對治身心是「我」的邪見而修。「非我」的三個意思：1.身心不是「我」、2.不自在、3.為了對治身心是「我」的邪見而修。

除了痛苦有逼迫性之外，喜樂和不苦不樂，也因為是緣起、無常的，都有逼迫性，所以同樣是苦。荷重擔會有身心壓力，當然是苦。人生因為無常故苦，為了對治人生有樂的邪見，所以必須修身心是苦的觀照。

人生有三苦、八苦或八萬四千苦。

1.三苦

三苦指苦苦、壞苦、行苦。

⑴苦苦：指各種非可意的苦受，或逼惱身心的苦。

⑵壞苦：指事物毀壞或樂受消失而逼惱身心的苦。

⑶行苦：指無常即是苦，除可意、非可意以外的捨受，為眾緣所造，難免生滅遷流，故聖者觀之，於身心皆感逼惱，故稱為行苦。

非可意的人生有苦苦、行苦二種，可意的人生有壞苦、行苦二種，非可意非不可意的人生有行苦一種。總之，不論什麼樣的人生，都是苦。

若以三苦來配屬三界，則欲界三苦都有，色界有壞苦和行苦，無色界只有行苦；這是因為色界和無色界都在禪定中，沒有欲愛所引生的苦苦。輪迴在三界六道中的眾生，都是無常、苦、無我、空的。眾生顛倒妄想，執著人生、宇宙為常、樂、我、淨，所以苦海無邊、出苦無期。

2. 八苦

欲界的「苦苦」明顯可知，又可以分成八種。《大般涅槃經》說：

> 苦諦者，所謂八苦：一生苦、二老苦、三病苦、四死苦、五所求不得苦、六怨憎會苦、七愛別離苦、八五受陰苦。汝等當知，此八種苦，及有漏法，以逼迫故，諦實是苦。

生、老、病、死、所求不得、怨憎會、愛別離、五受陰（玄奘大師譯為五取蘊）等八苦及有漏法（由煩惱而生，或生煩惱的事物），因為是緣起的，具有逼迫性，所以諦實是苦。此中，五受陰的意思：執著色、受、想、行、識五種身心構成要素是永恆不變的，是屬於造物主或靈魂的，是在造物主或靈魂之中的，是包含有常住不死之靈魂的。

老苦指衰變時的苦痛。北本《大般涅槃經》說：

> 何等為老？
>
> 老有二種：一念念老，二終身老。
>
> 復有二種：一增長老，二滅壞老。是名為老。

⑴念念老：指剎那生滅。十二因緣可以從四個角度說明：三世二重十二因緣、二世一重十二因緣、一世十二因緣、一念十二因緣。「念念老」就是一念十二因緣中，識緣名色、名色緣六入、六入緣觸、觸緣受、受緣愛、愛緣取、取緣有、有緣生、生緣老死的「念念變遷」。

⑵終身老：指一期生死中，白髮、枯形、色變之時。

⑶增長老：指從少至壯念念增長。

⑷滅壞老：指由壯至老念念滅壞。「增長老」和「滅壞老」二者，是由「念念老」開衍而來的。

從世俗諦來看老，老是指「終身老」——身體的衰老；從勝義諦來看老，老是指「念念老」——身心的念念變遷，不論增長或滅壞都是老。簡言之，生就是老，老就是死，死就是生，生、老、死三種過程其實都是緣起性空的、非一非異的、非常非無常的、非苦非樂的、非空非有的、非我非無我的。這是生、老、死的中道實相，可以稱之為涅槃、菩提、真如、正等正覺。一切佛法的教、理、行、證都不離這個核心價值。

以上從事相的角度來看苦和老，《大乘阿毘達磨雜集論．決擇分中諦品》則從理性的角度來看苦和老：

若有情世間若器世間，業煩惱力所生故，業煩惱增上所起故，總名苦諦。……

復有清淨世界非苦諦攝，非業煩惱力所生故、非業煩惱增上所起故，然由大願清淨善根增上所引。此所生處不可思議，唯佛所覺，尚非得靜慮者靜慮境界，況尋思者。……

生何因苦？眾苦所逼故、餘苦所依故。……

老何因苦？時分變壞苦故。

病何因苦？大種變異苦故。

死何因苦？壽命變壞苦故。

怨憎會何因苦？合會生苦故。

愛別離何因苦？別離生苦故。

求不得何因苦？所希不果生苦故。

略攝一切五取蘊何因苦？麁重苦故。

有情世間：由業煩惱力所生的地獄、畜生、餓鬼、人、天五趣（或增加阿修羅成為六道）。器世間：業煩惱增上所起的三千大千世界，也就是有情賴以生存的物質世界。世指時間，間指空間，時間和空間都是概念的假名施設，本不存在，人們無明執著以為是真實的，就會產生逼迫性。有情世間是業煩惱力所生的，器世間是由強大業煩惱力所起的，二種世間都是業煩惱力的產物，本身就是逼迫性、苦性，所以都是苦。苦的原因又是什麼呢？

⑴生的苦因：可分為二種，一是從入胎、住胎到出胎的過程中為眾苦所逼；二是從生到死的無量苦，都是依於生而有的。

⑵老的苦因：時時刻刻都在變壞。

⑶病的苦因：構成身心的種種因素時時刻刻都在變異。

⑷死的苦因：壽命時時刻刻都在變壞減少。

⑸怨憎會的苦因：不可愛的人、事、物時時刻刻都會遇到。

⑹愛別離的苦因：可愛的人、事、物時時刻刻都會別離。

⑺求不得的苦因：希望得到的人、事、物得不到。

⑻五取蘊的苦因：以上七苦合稱「五取蘊苦」，因為身心五蘊是業煩惱

力所生的，而身心五蘊所生存的器世間又是強大業煩惱力所起的。

有情世間、器世間雖然都是苦，但它們的苦因是業煩惱力，所以只要淨化業煩惱，就是無苦的清淨世界；因為清淨世界不是業煩惱力所生，不是強大業煩惱力所起的，而是由大願清淨善根增上所引生的。清淨世界不可思議，唯佛所覺，不是靜慮（禪修）者的靜慮境界，更不是大腦思考的妄想境界，所謂「心行處滅，言語道斷」。思考和語言文字只是指月之指，不是月亮本身，清淨世界是戒、定、慧、解脫、解脫知見五分法身香的自覺聖境。

清淨世界就是《心經》所說的：「是諸法空相，不生不滅，不垢不淨，不增不減。」

（三）有生就有老病死

人可以有不生，但是不可能生了而不老、不病、不死，因為生是老病死的因或本性。但佛陀又是如何證得不生不滅的清淨世界呢？

有情世間是「業煩惱力」所生的，所以想要不生，就必須斷「業煩惱力」，而「業煩惱力」來自心，心清淨了，「業煩惱力」自然就清淨。心的清淨就是不生二元對立的心。佛在第四禪（靜慮）中，以甚深定力如無風的燈火明照一切即生即滅，並不真實存在。《心經》說：

> 觀自在菩薩，行深般若波羅蜜多時，照見五蘊皆空，度一切苦厄。……以無所得故，菩提薩埵，依般若波羅蜜多故，心無罣礙；無罣礙故，無有恐怖，遠離顛倒夢想，究竟涅槃。
>
> 三世諸佛，依般若波羅蜜多故，得阿耨多羅三藐三菩提。

佛菩薩都是依般若波羅蜜多（洞達一切萬法都是緣起性空的智慧），而證得大菩提、大涅槃的。空性不是不存在，而是指一切存在都是剎那生滅的，有如現代量子力學所說的「測不準原理」或「量子糾纏理論」。

《阿毘達磨俱舍論．分別世品》說：

頌曰：極微字剎那，色名時極少。

論曰：分析諸色至一極微，故一極微為色極少。如是分析諸名及時至一字剎那，為名時極少。一字名者，如說瞿名。何等名為一剎那量？眾緣和合法得自體頃，或有動法行度一極微。對法諸師說：如壯士一疾彈指頃六十五剎那，如是名為一剎那量。

古代沒有現代的精密儀器，但可假想把色法（物質）分析到不能再分析的單位，稱為極微（梵語 paramāṇu，舊譯鄰虛塵），類似物理學的基本粒子（basic particle）或夸克（quark）。同理，諸名（梵語 nāma，種種概念）和時間也可分析到不能再分析的單位，稱為剎那（梵語 kṣaṇa，一念）。一剎那量指物質、念頭或時間的最小單位，阿毘達磨論師說，壯士快速一彈指有六十五剎那，如果一彈指需時一秒鐘，一剎那等於六十五分之一秒。

無我空性是佛教異於其他宗教或信仰的核心思想，因此即使是極微或剎那都不是單一元素，而是眾緣和合的。《雜阿含經．四一經》說：

云何色如實知？諸所有色，一切四大及四大造色，是名色，如是色如實知。云何色集如實知？於色喜愛，是名色集，如是色集如實知。……

云何受如實知？有六受身——眼觸生受，耳、鼻、舌、身、意觸生受，是名受，如是受如實知。云何受集如實知？觸集是受集，如是受集如實知。……

云何想如實知？謂六想身。云何為六？謂眼觸生想，耳、鼻、舌、身、意觸生想，是名想，如是想如實知。云何想集如實知？謂觸集是想集，如是想集如實知。……

云何行如實知？謂六思身——眼觸生思，耳、鼻、舌、身、意觸生思，是名為行，如是行如實知。云何行集如實知？觸集是行集，如是行集如實知。……

云何識如實知？謂六識身——眼識身，耳、鼻、舌、身、意識身，是名為識身，如是識身如實知。云何識集如實知？謂名色集，是名識集，如是識集如實知。……

引文中的身（梵語 kāya），是聚集的意思，有如身體是由血、肉、骨骼等元素聚集而成的，並非單一的存在。

人生宇宙都是由物質和心理作用構成的，但為什麼物質和心理作用都是無我空性呢？

1. 色

色（物質）是由四大和四大所造色組成的，所以色是無我空性的，但有情為什麼把色當成是真實的？這是因為有情不如實知色性而於色喜愛，所以就誤以為實有色。此中，四大是指地大（堅性）、水大（濕性）、火大（煖性）、風大（動性）；四大所造色是指由四大所組成的色、香、味、觸（有觸感的物質）。

2. 受

受可以分成六種——眼根觸色塵生眼受，耳根觸聲塵生耳受，鼻根觸香塵生鼻受，舌根觸味塵生舌受，身根觸觸塵生身受，意根觸法塵生意受，所以受是無我空性的，但有情為什麼把受當成是真實的？這是因為有情不如實知根觸塵生受，所以就誤以為實有受。此中，受是指領受塵境，進一步會產生苦受、樂受或不苦不樂受；根是指肉眼看不到的淨色根，類似現代醫學所說的感覺或知覺神經。根有生長的意思，如草根、樹根能生長草、木；塵是指外境，外境會遮蔽物質，讓人們看不到物質的無我空性，所以稱為塵；法塵是指感受所生的心中影像，這些影像可以分為物質和心理的影像二種。

3.想

想可以分成六種——眼根觸色塵生色想，耳根觸聲塵生聲想，鼻根觸香塵生香想，舌根觸味塵生味想，身根觸觸塵生觸想，意根觸法塵生法想，所以想是無我空性的，但有情為什麼把想當成是真實的？這是因為有情不如實知根觸塵生想，所以就誤以為實有想。此中，想是指思想；法想是指思想所生的心中影像，這些影像可以分為物質和心理的影像二種。

4.行

行可以分成六種思——眼根觸色塵生色思，耳根觸聲塵生聲思，鼻根觸香塵生香思，舌根觸味塵生味思，身根觸觸塵生觸思，意根觸法塵生法思，所以行是無我空性的，但有情為什麼把行當成是真實的？這是因為有情不如實知根觸塵生行，所以就誤以為實有行。此中，行是指思惟，對外境有了思想之後，就進一步思惟如何去取得或逃避，也就是造業的開始，表現於身、口、意三業，身業是指行為，口業是指語言，意業是指起心動念。身、口、意三業就其性質而言，可以分成善業、惡業、不善不惡業；善業會引生未來的樂果，惡業會引生未來的苦果，不善不惡業會引生未來的不樂不苦果，而有生死輪迴。學佛修行就是要以清淨心行清淨業，未來會引生清淨的菩提果、涅槃果。

5. 識

識可以分成六種——眼識、耳識、鼻識、舌識、身識、意識，所以識是無我空性的，但有情為什麼把識當成是真實的？這是因為有情不如實知六根觸六塵生六識，而有受、想、行的心理作用，所以就誤以為實有識。此中，識是指感覺了別、知覺分別、意願造業的心理作用。

《阿毘達磨俱舍論．分別根品》說：

色聚極細立微聚名，為顯更無細於此者。此在欲界無聲無根，八事俱生隨一不滅。云何八事？謂四大種及四所造色、香、味、觸。

在欲界中，最小的物質單位稱為色聚（梵語rūpa kalāpa），因為沒有單一極微而生的物質，凡是物質必由八種極微聚合俱生，所以是無我空性。八種極微可以分成二類，第一類包括：能生的地（堅性）、水（濕性）、火（煖性）、風（動性）四大極微；第二類包括：所造的色、香、味、觸四塵（聲，有無不定，故除之）極微。此中，色塵指青、黃、赤、白等顯色及長、短、方、圓等形色；香塵指好、惡等香；味塵指甘、醋等味；觸塵指可以觸知的地、水、火、風等境與滑、澀等性。

總之，從空間來看，一切色法（物質）即使分析到最微細，還都是由八種極微聚合俱生的，並非真實存在。色聚有如現代量子力學所說的原子（atom），原子是構成化學元素的普通物質的最小單位，也是化學變化中最小的粒子及元素化學性質的最小單位，由電子和原子核（包含質子和中子）

組成。色聚或原子都是量子力學所說的「流動中的整體」，佛法稱為「緣起性空」、「真空妙有」、「真如」、「實相」、「法界」等。

物質是無我空性，心理作用只是感覺、知覺、意願的功能，不占有空間，只能從時間的剎那生剎那滅，去了解它的無我空性。《阿毘達磨俱舍論・分別根品》說：

> 四本四隨於八於一功能別故。何謂功能？謂法作用或謂士用。四種本相一一皆於八法有用，四種隨相一一皆於一法有用。
>
> 其義云何？謂法生時，并其自體九法俱起，自體為一相，隨相八。本相中生，除其自性，生餘八法；隨相生，生於九法內唯生本生。

此中，四本是指生、住、異、滅四相；四隨是指生生、住住、異異、滅滅四相；功能是指物質作用、心理作用或有情的身、口、意作用。

當四本相生的時候，除了本相之外，又生其他八相，同時有九相的功能。譬如，生相生的時候，必有生「生相」的生，有生同時就有住、異、滅三相，而生、住、異、滅四本相各有生生、住住、異異、滅滅四隨相。所以，四本相生時各有九相的功能；但四隨相生時只有各自相的功能，沒有其他八相的功能。

這是因為一念中就有八萬一千生滅，所以四本相各占有三十二萬四千分之一念的時間，四隨相各占有六十四萬八千分之一念的時間，幾乎是生、住、異、滅同時，比電光石火還快，勉強稱為「即生即滅」、「不生不滅」或「寂滅」，這是萬事萬物的真實相。能夠內心安靜到體驗這種真實相的人，就稱為佛。

《仁王護國般若波羅蜜多經．觀如來品》說：

智照實性，非有非無。所以者何？法性空故。是即色、受、想、行、識，十二處，十八界；士夫六界，十二因緣；二諦，四諦，一切皆空。是諸法等，即生即滅，即有即空，剎那剎那亦復如是。

何以故？一念中有九十剎那，一剎那經九百生滅，諸有為法悉皆空故。以甚深般若波羅蜜多，照見諸法，一切皆空：內空、外空、內外空、空空、大空、勝義空、有為空、無為空、無始空、畢竟空、散空、本性空、自相空、一切法空、般若波羅蜜多空、因空、佛果空。空空故空。

以般若波羅蜜多的智慧來觀照一切物質和心理作用的實性，都是非有非無的，因為它們的本性都是空的，即生即滅，即有即空，有即是空，空即是有。剎那剎那也是生滅同時，有空不二，因為一念中有九十剎那，一剎那經過九百生滅，所以一念中就有八萬一千生滅。一切物質和心理作用在一念中有八萬一千生滅，在人類的理解中，一切皆空，但在物理數學的表示中，即使再怎麼極微，還是存在的。《佛說帝釋般若波羅蜜多心經》說：

如星如燈、翳，夢、幻及泡、露，如電亦如雲，應作如是觀。我今略說此，般若波羅蜜，不生亦不滅，不斷亦不常，非一非多義，非來亦非去，如是十二緣，止息令寂靜，正等正覺說。

一切物質和心理作用都是剎那生滅的存在，如夢幻泡影，如露亦如電，如燈火閃爍，如翳眼（白內障）所見似有實無，如雲似有實為水氣。般若波羅蜜照見萬事萬物不生不滅、不斷不常、非一非多、非來非去；如此息滅二元對立的妄想，就可以證得真如的正智，安住苦滅的涅槃。

修行有成的覺悟者，和我們凡夫不一樣的地方在於：他的身體一樣會面臨老病死，可是他的心可以不生、可以不老、可以不死，只要他的心不生，就可以免除老病死帶來的心理煩惱。

修行到底在修什麼呢？修行的覺悟者，並非身體可以不生、不老、不死，而是他的心已經是不生了。什麼是心不生呢？就是不起妄念有生有滅，因為萬事萬物即生即滅，即有即空，不生不滅，不常不斷，不一不異，不來不去。

體證這種諸法實相的覺者，就不受任何現象的影響。《增壹阿含經‧馬血天子品》說：

有世八法隨世迴轉。

云何為八？一者利，二者衰，三者毀，四者譽，五者稱，六者譏，七者苦，八者樂。

利、衰、毀、譽、稱、譏、苦、樂是生活中常遇到的八種境界，迴轉不定，又稱為「八風」。我們的心一生就被八風所動，情緒起伏。

世間諸法略有八種：利（得可意事）、衰（失可意事）、毀（人後誹撥）、譽（人後讚美）、稱（人前讚美）、譏（人前誹撥）、苦（逼惱身心）、樂（適悅身心）。這些八風可分成二類：四違境（衰、毀、譏、苦）令人憂慼，故名苦；四順境（利、譽、稱、樂）令人欣喜，故名樂。略說最後苦樂一對。

佛菩薩安住中諦，遠離遍計所執，通達世間八法法性平等一味猶如虛空，遇到四順境，不會得意忘形，不會貪愛自滿；遇到四逆境，不會喪志憂鬱，不會瞋恚埋怨。反之，凡愚在世計有差別，故為八風所動。

《六祖大師法寶壇經》（簡稱《六祖壇經》）說：

（惠能）一日思惟：「時當弘法，不可終遯。」遂出至廣州法性寺，值印宗法師講《涅槃經》。

時有風吹旛動，一僧曰：「風動。」一僧曰：「旛動。」議論不已。

惠能進曰：「不是風動，不是旛動，仁者心動。」一眾駭然。

惠能從五祖弘忍大師傳授衣鉢之後，為避免同門師兄弟的覬覦，自湖北黃梅來到嶺南，遁跡獵人隊中十五年，磨練心性。某一天想到該下山弘法了，來到廣州法性寺，正好印宗法師在講「扶律談常，眾生皆有佛性」的

《大般涅槃經》。

當時有風吹旛動，一僧說：「風動。」另一僧說：「旛動。」為此議論不已。

惠能對他們說：「不是風動，不是旛動，仁者心動。」大眾聽了，非常驚駭，想不到其貌不揚的樵夫竟然有此境界。

從世俗諦的角度來看，風動和幡動都對，幡動是現象，風動是現象的理，事待理成，事理不可分，雖然理比事高深，證理的人就是聖賢了。

惠能說：「仁者心動。」不只是從事或理來談，而是從最高層次的真如心來談，真如心也可以稱為心性、佛性、自性、本性、法界、如來藏。《六祖壇經》說：「何期自性，本自清淨；何期自性，本不生滅；何期自性，本自具足；何期自性，本無動搖；何期自性，能生萬法。」自性或真如心被境界風所動，生起分別妄想，就是凡夫的無明煩惱。所以，《六祖壇經》開宗明義就說：「菩提自性，本來清淨，但用此心，直了成佛。」

心為八風所吹動，其實就是被世間法所動。什麼是世間法？世間法就是種種世間現象，凡夫執著世間現象是真實的，所以會隨著世間現象的改變而心動。比如賺了錢或陞了官，心就高舉了；損失了一筆錢、遭人批評，心就低沉了。因緣隨時在改變，心就隨時在動，這是「諸行無常」，可以稱之為「老」，等到一個妄念被另外一個妄念所取代時，原先的妄念便可以稱之為「死」。

凡夫的心，一直在生、老、病、死中流轉不已。所謂證得寂靜涅槃，所謂了生死，並不是了身體的生死，而是了心的生死。

（四）佛性是不生、不老、不病、不死的真心

佛性，梵語 buddha-dhātu（佛界）、buddha-gotra（佛種姓）、buddha-garbha（佛藏，即 tathāgata-garbha 如來藏），又作如來性、覺性，即佛陀的本性，或指成佛的可能性、因性、種子、佛之菩提的本來性質，為如來藏的異名。

佛性的根本思想是「空性」，故佛性是不生、不老、不病、不死的真心。因為我們所本具的佛性，像虛空般那樣廣大、清淨，無邊無際。佛性不是緣起的現象，而是心本來就是如此的，如果是緣起的現象，必然會有老病死的種種變化。因此，修行在修什麼？就是在修心的不生。如果心能不生，老病死就無法傷害我們了。

我們想要心不生，這是非常困難的事，然而，想要生「身」，反倒是輕而易舉，毫不費力。世間的眾生不修行，必然會有來生，死了會轉世投生而有新的身體；反之，想要不生，就必須修行。

想要生一個新的身體很簡單，每一個人就真的不必怕死，因為只要一死，立刻產生新的身體。但不可不知的是，即使重新投胎轉世為人，心裡仍舊含藏著前輩子的業力，也就是身、口、意業造作留下的潛力。無論是說話或做事，只要起心動念有分別執著，都會在第八阿賴耶識裡留下種子，而新業、重業、習慣業的力量最大，會決定死後投生的去向。

（五）不必怕死，要怕生

大家其實根本不必怕死，來生想要得到新的身體太簡單了，我們應該要「怕生」才對，要讓心不生，這是很困難的事。當發生大地震的時候，恐懼心有沒有生？我相信不但會生心，而且是七上八下的心，一直不斷地在生。然而，我們真的不用擔心自己會因房屋倒塌被壓死了，因為還會有來世的，所以不必怕死。

釋迦牟尼佛說，要讓心不生，需要經過三大阿僧祇劫的時間，可見多困難啊！為什麼困難呢？因為我們的心總是喜歡比較、喜歡分別，不能用清淨的心、平等的心來對待裡裡外外，總是在執著分別。因此，只要有身，一定會有老病死。透過修行不生分別妄想，即使有身的老病死苦，心也可以不老、不病、不死，隨緣接受一切境界，八風吹不動。

《雲門匡真禪師廣錄．頌雲門三句語》說：

函蓋乾坤：乾坤并萬象，地獄及天堂，物物皆真現，頭頭總不傷。
截斷眾流：堆山積岳來，一一盡塵埃，更擬論玄妙，冰消瓦解摧。
隨波逐浪：辯口利舌問，高低總不虧，還如應病藥，診候在臨時。

雲門宗的修行法要有三句：函蓋乾坤、截斷眾流、隨波逐浪。「函蓋乾坤」的意思是天地萬物皆是真心佛性所現；「截斷眾流」的意思是諸法皆空；「隨波逐浪」的意思是觀機逗教直指人心。這裡以佛性為中心思想，心、佛、眾生三無差別，悟得佛性便是佛，不悟佛性便是眾生。

（六）離苦得樂的妙法

沒有人喜歡痛苦而討厭快樂，但是很多人總是只能苦中作樂，甚至以苦為樂，到底要如何做才能離苦得樂呢？苦、樂又是怎麼來的？

苦、樂是眼、耳、鼻、舌、身五種生理感覺加上心理知覺的感受，憂、喜是純心理知覺的感受，不苦不樂或不憂不喜則是中立性的感受。一般以苦、樂來涵蓋憂、喜。因此，人的種種感受，可以歸納成苦受、樂受、捨受（不苦不樂受）三種，都是主觀的心理作用。至於痠、痛、痲等感受是客觀的純生理作用，但每個人的感受不同，容忍度和認知也不同，於是對於相同的感受，每個人的苦、樂或捨受就不同。

十二因緣法說「六入緣觸，觸緣受」，因此離苦得樂的妙法要從六入和觸下手，雖有客觀的生理感覺，但不要生起主觀的心理分別。

六入包含內六入和外六入，合稱十二入（進入感覺、知覺之門）或十二處（生起感覺、知覺的處所）。「內六入」指眼、耳、鼻、舌、身、意六根，「根」是能生或所依的意思，如草木之根，能生幹、枝、葉、花和果，也是幹、枝、葉、花和果的所依靠；內六入類似今日醫學所說的視覺神經、聽覺神經、嗅覺神經、味覺神經、觸覺神經和知覺神經。「外六入」指內六入（六根）所攀緣的色、聲、香、味、觸、法（出現在心意識的一切概念）六境。

內六入攀緣外六入，在其他助緣的共同作用之下，分別生起眼識、耳識、鼻識、舌識、身識、意識等六識，「識」是辨別或分別、了別的感覺、知覺作用。

六根、六境、六識三者和合稱為觸，有觸就有受。

學佛人的功課是戒、定、慧三學，目的在離苦得樂。「戒」為「諸惡莫作，眾善奉行」，讓身、口、意三業不造作惡業，遠離會產生苦受的境界；「定」為「自淨其意」，讓心遠離追逐諸欲的散亂、掉舉或昏沉，不要生起主觀的喜、憂受；「慧」為洞達萬事萬物都是「緣起性空」的相續狀態，「如夢幻泡影、如露亦如電」，不分別執著，八風吹不動，「生滅滅已，寂滅為樂」，永遠離苦得樂。

與其被動地為老所苦，不如在認識何為老之後，就此展開「老菩薩」的離苦得樂菩薩行！轉貪、瞋、癡為戒、定、慧、慈悲，自能離苦得樂！

第三篇

學習老

……

幸福老人

一、幸福老人

（一）世間幸福感來源

自二十世紀七十年代開始，不丹提出「國民幸福總值」的概念，強調其重要性更甚於「國內生產總值」，並開始著手落實。此舉讓世界各國人們思考，究竟什麼是幸福。

二〇一二年六月二十八日，聯合國大會宣布每年三月二十日為國際幸福日，「確認幸福和福祉是全世界人類生活中的普世目標和願望，同時具有現實意義。」希望可以採取更包容、公平和平衡的經濟增長方式，以促進持續發展，消除貧窮，增進全體人民的幸福和福祉。

二〇二四年《世界幸福報告》以人均國內生產毛額（GDP per capita）、社會支持度（Social support）、健康預期壽命（Healthy life expectancy）、自由度（Freedom to make life choices）、慷慨程度（Generosity）、貪腐程度（Perceptions of corruption）六個指標，評比一百四十三個國家二〇二一年至二〇二三年的幸福指數。臺灣排名第三十一幸福國家，首度被新加坡（三十名）超越，卻仍比日本（五十一名）、南韓（五十二名）、中國（六十名）幸福許多。臺灣三十歲以下年輕人幸福感維持世界第二十五名、東亞第一名，六十歲以上老年人幸福感排名第三十四。

幸福感來自客觀的生活條件及主觀的心理因素，亦即需求的滿足程度。一九四三年，美國心理學家亞伯拉罕·馬斯洛（Abraham Harold Maslow）在《心理學評論》（*Psychological Review*）發表〈人類動機論〉（A Theory of Human Motivation）一文，提出五種遞上的需求層次（hierarchy of needs）論：

1. **生理需求**

是級別最低、最急迫的需求，如食物、水、空氣、睡眠等的需求。

2. **安全需求**

僅高於生理需求，也是低層次的需求，如人身安全、生活穩定、身體健康、財產自主、免遭痛苦、威脅或疾病等的需求。

3. **愛與歸屬需求**

屬於較高層的需求，如友誼、愛情、隸屬關係等的需求。

4. **尊嚴需求**

屬於較高層的需求，既包括對成就或自我價值的個人感覺，也包括他人對自己的認可與尊重，如成就、名聲、地位和晉升機會等的需求。

5. **自我實現需求**

是最高層次的需求，包括真、善、美至高人生境界獲得的需求，只有在前面四項需求都能滿足之後，才能衍生這個最高層次的需求。例如，文學家、藝術家在創作過程或作品完成之後，音樂家在演唱、演奏時或表演結束之後，往往會出現短暫的「高峰體驗」。

馬斯洛晚年更提出超自我實現需求的理論，如宗教信仰或靈修的需求。

馬斯洛的五或六種需求理論，類似《書經．洪範》所說的「五福」：「一曰壽，二曰富，三曰康寧，四曰攸好德，五曰考終命。」東漢桓譚於《新論．離事》改成「壽、富、貴、安樂、子孫眾多」。明、清時期，五福更為世俗化，變成「福、祿、壽、喜、財」。

以上都是屬於世間的幸福感，佛教觀點的幸福感則大異其趣。

（二）佛法的幸福之道

佛教的修行道路，大約可以分成解脫道和菩薩道兩門。解脫道認為世間的幸福仍屬有漏，畢竟是苦，真正的幸福只存在於出世間法；菩薩道雖然接受世間法也有幸福，但強調般若空慧、唯識所現、唯心所造，必須體證世間法的緣起性空，以三輪體空的精神，讓一切眾生都享有幸福，否則世間法的幸福也會成為輪迴煩惱之因。

佛教對於馬斯洛的需求論可以詮釋如下：對於「食、衣、住、行、醫藥」的生理需求要少欲知足；安全需求在證悟涅槃，因為「三界無安，輪迴是苦」；愛與歸屬需求，是輪迴煩惱的原因，應求解脫自在；尊嚴需求，是「諸惡莫作，眾善奉行，自淨其意」的實踐，而非自我感覺有尊嚴或受人尊敬；自我實現需求，必須遠離「人我」、「法我」的邪見，行菩薩道；超越自我實現需求，證大菩提、大涅槃的圓滿佛果。「眾生無邊誓願度，煩惱無盡誓願斷，法門無量誓願學，佛道無上誓願成」。

基於以上的描述，老人的食、衣、住、行、醫藥等物質需求，在現代化國家都能滿足，只要身體健康，生理需求的幸福就容易達成；安全需求、愛與歸屬需求的幸福，來自家庭美滿、養老金充裕、社會福利制度完善、人際社交網絡綿密；尊嚴需求的幸福，依靠高尚的品德、豐富的知識、過人的智慧等內在修為；自我實現需求的幸福，需要「業精於勤」；超越自我實現需求的幸福，則是天人合一的廣大胸懷。

總之，馬斯洛的五或六種需求即使得到滿足，或中國傳統的五福，在佛家看來，頂多只是人乘法的有漏善，並非真幸福。

佛法有五乘的位階，「人乘」、「天乘」都是有漏善，不是永恆的幸福。在人、天二乘之上，還有「聲聞乘」、「緣（獨）覺乘」、「菩薩乘」的無漏善，意即永恆的幸福。聲聞乘以思惟「四聖諦」，修「八正道」、「三十七道品」證阿羅漢果，追求自己的永恆幸福為目標，隨緣教化眾生得到幸福；緣覺乘以思惟流轉十二因緣「此有故彼有，此生故彼生」、還滅十二因緣「此無故彼無，此滅故彼滅」，了解過去、現在、未來三世的因果關係，斷輪迴的因（無明）緣（造業），證辟支佛果，以得到自身永恆的幸福；菩薩乘以「六度萬行、四無量心、四攝法」教化眾生得到永恆的幸福，來完成自己的永恆幸福；菩薩乘的究竟圓滿，就是成佛。

（三）受人尊敬的有德老人

從世俗的眼光來看，老人得到社會大眾的尊敬，才是幸福感的最大來源。但什麼條件才算是老人呢？是年齡或其他資格？

《雜阿含經．五四七經》有這麼一則有趣的故事，一位拄著拐杖的老婆羅門來到眾比丘的食堂，沒有人恭敬禮拜他，沒有人請他坐，也沒有人跟他講話，他倚老賣老，心中很不高興，就質問佛的大弟子摩訶迦旃延尊者。摩訶迦旃延就回答：

> 梵志！若有耆年八十、九十，髮白齒落，成就年少法者，此非宿士；雖復年少年二十五，色白髮黑，盛壯美滿，而彼成就耆年法者，為宿士數。……
>
> 有五欲功德。謂眼識色愛、樂、念，耳識聲、鼻識香、舌識味、身識觸愛、樂、念。於此五欲功德不離貪、不離欲、不離愛、不離念、不

離濁。梵志！若如是者，雖復八十、九十，髮白齒落，是名成就年少之法。

雖年二十五，膚白髮黑，盛壯美色，於五欲功德離貪、離欲、離愛、離念、離濁，若如是者，雖復年少年二十五，膚白髮黑，盛壯美色，成就老人法，為宿士數。

有些人八、九十歲了，髮白齒落，卻還像少年郎一般無知，就不算老人，如何能得人尊敬呢？有些少年郎雖只二十五歲，膚白髮黑，盛壯美色，卻像老人一般知書達禮，就算是老人，應得眾人尊敬。

眼、耳、鼻、舌、身五根接觸色、聲、香、味、觸五種外境，就生起見、聞、嗅、嘗、觸的五種感覺作用，如果產生愛、樂、念，對五種外境不離貪、不離欲、不離愛、不離念、不離濁，雖然年高八、九十歲，髮白齒落，卻還是像少年一般無知，不值得別人恭敬。

反之，雖然只是二十五歲的少年郎，膚白髮黑，盛壯美色，卻能夠於五種外境離貪、離欲、離愛、離念、離濁，就像老人一般贏得眾人恭敬。

可知，老不老並非以年齡為標準，而是以德行做判斷。有德就是老，雖年紀輕輕，也受人尊敬；無德就算年紀大，也不是受人尊敬的老人。

《別譯雜阿含經．八六經》又提到一位老婆羅門過去多造眾惡，極為粗弊，毀犯所禁，不信福善，不先作福，臨終之時，無所依止，恐懼不安，就來到佛前，請佛開示，以求心安。佛就說了因果道理：

人生壽命促，必將付於死；衰老之所侵，無有能救者。是以應畏死，唯有入佛法；若修善法者，是則歸依處。

人生苦短，終必衰老死亡，誰也救不了。因此，要以死為鑑，學佛才能免於死亡的恐懼。平時修善法，包括世間善事和解脫生死輪迴的各種法門，才是歸（皈）依處。

幸福是行善的果報，行善多少，幸福就有多少。

（四）幸福的條件

大乘佛教雖然有方便道補救平時不燒香的人，但臨時抱佛腳終究不如自力救濟可靠。

《中阿含經．梵志品》說：「無病第一利，涅槃第一樂，諸道八正道，住安隱甘露。」無病第一利，涅槃第一樂，而正見、正思惟、正語、正業、正命、正精進、正念、正定等八正道，則是無病、證涅槃的道路。

如何能得清淨慧眼而證涅槃呢？有四個步驟：一是親近善知識，恭敬、承事；二是聞善法；三是善思惟；四是趣向法（苦、集、滅、道四聖諦）次法（修八正道）。

《大莊嚴論經》則說：「無病第一利，知足第一富，善友第一親，涅槃第一樂。」

《大乘百福相經》提到世間最幸福的人就是轉輪聖王（國家的領袖），因為他過去行十善業比人多：「轉輪聖王成就七寶、具足千子。何謂七寶？

一者金輪寶、二者象寶、三者馬寶、四者珠寶、五者女寶、六者主藏寶、七者主兵寶。千子皆悉端正勇健，能伏怨敵。如是名為轉輪聖王所有福德。」

轉輪聖王的幸福，來自擁有世間財富、臣民和端正勇健的千子，即使如此，轉輪聖王的幸福遠不如各種位階的天神，而天神的幸福又遠不如阿羅漢、辟支佛、菩薩，菩薩的幸福更遠不如佛。

佛的幸福，表現在身體的三十二相、八十隨形好、智慧圓滿、斷盡一切粗細煩惱，並有圓滿的威勢能度化眾生，如十力、四無所畏、十八不共法、大慈大悲、大喜大捨等。

財富是幸福的條件之一，但佛教更重視道德修養的聖財，世間眾生沒有七聖財的話，再多世間財，也是極貧窮。《大寶積經．尸波羅蜜品》說：「云何聖財？謂信（信受正法）、戒（受持法律）、聞（能聞正教）、慚（自分有慚）、愧（於人有愧）、捨（捨離一切而無染著）、慧（智慧照事理），如是等法，是謂聖財。彼諸眾生不獲此故，名極貧窮。」

老人的幸福可以得自親情圓滿（如含飴弄孫、子孝孫賢）、天天週末坐領退休金社會福利金、環遊世界、好友歡聚、隨心所欲終身學習、高談闊論天下事等退休生活，佛教更強調智慧慈悲、身心自在的幸福。《妙法蓮華經・譬喻品》說：

汝等當知此三乘法，皆是聖所稱歎，自在無繫，無所依求。乘是三乘，以無漏根、力、覺、道、禪定、解脫、三昧等而自娛樂，便得無量安隱快樂。

三乘指聲聞乘、緣覺乘、菩薩乘，能使人獲得無量安隱、解脫自在。前二乘的修學內容是戒、定、慧、解脫、解脫知見五分法身；菩薩乘則是四攝法、六度萬行等。

二、老是生命最好的發明

（一）把每一天當作生命的最後一天

二〇〇五年六月十二日，蘋果電腦共同創辦人賈伯斯受邀在史丹福大學畢業典禮上演講，以坎坷的成長背景現身說法成功的三要訣：

1. 連點成線成面成立體

人生是由一連串的點連成的，記取過去挫敗或錯誤的痛苦教訓，就是未來成功的資糧。以老年學佛而言，一輩子的歷練，正是開啟智慧和慈悲的敲門磚。

2. 做你所愛，愛你所做

人命在呼吸間，不要浪費時間追隨潮流，要聽從自己內心的聲音，全力以赴，才能快樂，才能成功。

3. 反思死亡

把每一天當作生命的最後一天，不做無意義的事。

最後，賈伯斯以「求知若渴，虛懷若谷」（Stay hungry. Stay foolish.）勉勵畢業生。

從觀老死，進而抗老、服老方面，賈伯斯提到十七歲時讀到一句話，影響了他一生：「如果你把每一天都當作生命的最後一天來過，有一天你一定會成功。」從此，他每個早晨都對著鏡子問自己：「如果今天是我生命的最後一天，我會做生命最後一天的事呢？還是會做今天即將要做的事？」每當連續幾天的答案都是「不」時，他就知道該改變什麼了。

賈伯斯說，憶念「我即將死」，成為他在抉擇人生大事時最重要的工具。因為在死神之前，真正重要的事會留下來，其他的事幾乎都褪去了，包括一切外在的想望、一切榮耀、一切尷尬或失敗的恐懼。憶念「我將死」，是避免落入患得患失之陷阱的最好方法。在相繼變異的無常中，我們早就是赤裸裸的，沒有理由不順著自己的心。

二〇〇三年，賈伯斯被初診罹患胰臟癌（後已證實為胰腺神經內分泌腫瘤），那時他連胰臟癌是什麼都不知道。醫生告訴他這是不治之症，存活期只剩三至六個月，醫生要他回家準備後事。這意味著他必須把未來十年要對孩子說的話，在幾個月內講完，也意味著必須確定安排好一切，免得家人不知所措，更意味著該說再見了。

當天醫生做了切片檢驗，發現這是極為罕見的可以動手術之案例，開過刀之後，他就倖存了。

賈伯斯說，這是他生命中最接近死亡的時刻，讓他確信死亡是有用而非純粹知識上的概念：

沒有人要死，即使想上天堂的人都不要藉由死來上天堂。但死亡是大家共同的終點，沒有人曾經逃過死。既然如此，我們就要接受死，因為死是生命唯一最好的發明。死是生命的改變者，可以汰舊換新。年輕人雖新，但不久就會變老被淘汰掉。這麼說有點戲劇性，但卻是千真萬確的。

每個人的時間都是有限的，不要浪費時間活別人的生命，不要落入「實現別人的期待」這個教條的陷阱，不要讓別人意見的噪音蓋過你內心的聲音。

最重要的是，要有勇氣順從你的心和直覺，它們早就知道你要變成什麼樣的人。其他的一切，都是次要的。

這是一場生動感人的演講，我們如果把「死」改成「老」，更加振聾發聵，畢竟老人還可以藉此深思，比如「老是生命唯一最好的發明」、「老是生命的改變者」等。

（二）內省、內觀出老的智慧

佛法如何看待老呢？

佛教的基本思想是中道，不偏執任何見解，而是超越一切見解，以智慧化解情執，以智慧指導修行。

原始佛教及部派佛教的智慧，是指了知身心都是自己造業所緣起的，所以本質上是「無常、苦、空、無我」，以解脫生死輪迴苦為目標。大乘佛教的智慧，則是指了知身心和外在環境都是空性、唯識所現、唯心所造的，所以本質上是「如如」（平等不二），以教化眾生活在當下為目標。

佛教徒是「內省、內觀的人」，所以學佛的過程就是「內省、內觀」自己身心的空相，故能度一切苦厄，進而教化眾生「內省、內觀」他們自己身心的空相，以度一切苦厄。因此，《雜阿含經》說「心淨故眾生淨」，《維摩詰所說經》說「隨其心淨則國土淨，隨其心不淨則國土不淨」。佛教修行從淨化自己內心的「無明、煩惱」開始，不祈求外在鬼神、地理風水、生辰八字、星宿的庇佑，故能確實自在無礙。

在人生觀方面，原始佛教及部派佛教，既不沉溺低級的縱欲，也不崇尚無意義的苦行，而是強調健康、光明、契合真理的八正道。八正道包含戒（正語、正業、正命）、定（正精進、正念、正定）、慧（正見、正思惟）三學，三學的究竟圓滿就是解脫、解脫知見。大乘佛教則是以修持六度（布施、持戒、忍辱、精進、禪定、智慧六波羅蜜）、萬行（一切善行）、四攝（布施、愛語、利行、同事），自利利他，證得無上正等正覺。

學佛既然從了知人生、宇宙的真相出發，對於「老苦」這個重大課題，又如何看待呢？

原始佛教及部派佛教，雖然承認人生有八苦，其中之一是老苦，但是對老和苦的定義，卻也激勵著人們樂觀進取、光明希望。

1. 老的相續變異

「老」的意思是「相續變異」，「苦」的意思是「逼迫性」或「苦、空、無常、無我」。

萬事萬物，包括人生宇宙在內，分分秒秒都在相續變異，也就是分分秒秒都在老。因為分分秒秒都在相續，所以我們的學習、修行、努力成果都會功不唐捐，可以分分秒秒累積；同時分分秒秒都在變異，所以我們的學習、修行、努力成果都會步步前進，可以分分秒秒昇華。總的來說，因為分分秒秒都在相續變異，老可以使我們戒慎恐懼、百尺竿頭更上一步，不斷轉迷為悟、轉苦為樂；當然，人生如逆水行舟，不進則退，否則就會如《論語．憲問》所說：「原壤夷俟。子曰：『幼而不孫弟，長而無述焉，老而不死是為賊。』」

2. 苦的逼迫性

苦具有逼迫性，因為人生分分秒秒都在老，都在相續變異，不可能原地踏步，警惕我們不可以放逸懈怠，要如《禮記．大學》所說：「湯之《盤銘》曰：『苟日新，日日新，又日新。』」〈普賢警眾偈〉也說：「是日已過，命亦隨滅，如少水魚，斯有何樂？眾等當勤精進，如救頭然，但念無常，慎勿放逸！」

逼迫性往往會帶給人們心理壓力，但只要以智慧觀照人生宇宙，就知道萬事萬物分分秒秒都在老，都在相續變異，老和相續變異是人生宇宙的真相、真理。老和相續變異既然是人生宇宙的真相、真理，就是必然，誰也避免不了，只要以智慧「面對它、接受它、處理它、放下它」，就不會構成心理壓力。

3.苦的苦、空、無常、無我

苦的另一個意思是「苦、空、無常、無我」，所以「老苦」的意思，就是指「老」是「苦、空、無常、無我」。

老苦，讓我們正念分明，力求轉苦為樂。

老空，讓我們不必因老而苦，因為老苦本不存在，人們之所以覺得苦，純粹是「天下本無事，庸人自擾之」。

老無常，讓我們體會老也可以變為不老，儘管身會老、是無常，但心不是物質，所以不會老，只是相續變異。透過佛法的學習，修持戒、定、慧，就可以讓心「常、樂、我、淨」。

「我」的意思是「常、一、主、宰」。老無我，讓我們體會儘管身是無常、非一，無法做之主、隨意宰制的，但心可以透過學佛而如如不動、主宰之。身是物質，由各種元素及因緣和合而成，不能自己作主，不能免於老、病、死、再生；我們也不能宰制身永遠健康，不要老、病、死、再生。心不是物質，而是種種習氣的作用，透過學佛，我們可以改變習氣，淨化習氣，做心的主人，宰制心不散亂、不貪、不瞋、不癡、不慢、不疑，常保清明、慈悲喜捨。

因此，老是生命最好的發明。

（三）老能助人遠離一切煩惱

老是生命交替的媒介，送走舊的生命，迎接新的生命。我們分分秒秒都在老，分分秒秒都在汰舊換新，活出新的生命。

1. 放下煩惱，解脫自在

老讓我們遠離一切煩惱，因為幾乎所有的事——名利的追逐、欲望的滿足、煩惱的出現、對老病死或挫敗的恐懼——在老的面前，都將煙消雲散，僅留下心靈的昇華。

記得自己分分秒秒都在老，是我們最能避免畏懼失去的方法。因為我們已經赤裸裸地面對著生命的老去，所以沒有理由不順從內心的聲音——解脫自在。

雖然我們分分秒秒都在老，不過對學佛人來說，「老」反而成為我們做出重大決定的助力，在生命的過程中，學習放下不重要、甚至損人害己的身、語、意業，成就最重要、利己利人的戒、定、慧、解脫、解脫知見。

2. 不要浪費時間在煩惱輪迴

沒有人想老，就算是想退休、想過自己理想生活的人，也不希望透過老來達到這些目標，但老卻是分分秒秒都在發生的生命現象。沒人躲得過老，這是生的必然和真理，坦然活在分分秒秒都在老的必然和真理中，就可以活出生命的精彩和自在。

我們的生命有限，不要將時間浪費在反覆煩惱痛苦的輪迴中，不要被世俗束縛，不要為別人的期待而活，不要被別人的喧囂遮蔽了自己內心的聲音、思想和直覺。老的相續變異、逼迫性和「苦、空、無常、無我」，讓我們決定放下戕害身心的貪、瞋、癡、慢、疑，轉而成就真正的解脫自在。

3.原始佛教和部派佛教以定慧觀老

原始佛教和部派佛教對於老的這般體悟，來自內省、內觀「身、受、心、法」的定慧。惠能大師「不是風動，不是幡動，仁者心動」的當頭棒喝，讓我們在面對工作挑戰、人際關係緊張、環境威脅、生老病死的當下，常保心的如如不動。

4.大乘佛教以智慧和慈悲發揮老的妙用

至於大乘佛教，則是以最高的智慧和慈悲，充分發揮老的力量和作用。印順導師將大乘佛教分為三系：性空唯名系、虛妄唯識系、真常唯心系。其中，性空、虛妄、真常三詞是指所觀（緣）境，如「老苦」；唯名、唯識、唯心是指能觀（緣）心，如名（假名、概念）、識（八識及相應心所）、心（八識及相應心所的本來清淨性）。

⑴性空唯名系：性空唯名系以般若波羅蜜多照見「老苦」是緣起性空的、虛妄不實的、如夢幻泡影如露亦如電的，所以所觀（緣）境的「老苦」是不真實的，「老苦」只是假名，只是概念，如此觀照就可以度一切苦厄。凡夫不了解「性空唯名」的道理，就誤認為有「老苦」。若以般若波羅蜜多觀照「老苦」不可得，就能究竟涅槃（不生分別妄想），得無上正等正覺（覺悟一切平等不二）。

⑵虛妄唯識系：虛妄唯識系以「三界唯識現，萬法唯心造」觀「老苦」之「境無唯識」，無有所觀（緣）境的「老苦」，唯有能觀（緣）識的「八心王法」、「五十一種心所法」（心的分別作用所產生的善或煩惱情緒）的顯現。「老苦」完全是習氣影響下（依他起自性）的虛妄執著（遍計所執自性），而習氣影響是「現行熏種子，種子起現行」的「性空緣起，緣起性空」現象（圓成實自性）。其實，「唯識三自性」的「遍計所執自性」是「相無自性性」，「依他起自性」是「生無自性性」，「圓成實自性」是

「勝義無自性」；換言之，「老苦」的「相、生、勝義」都是無自性，從任何角度來看，「老苦」並不真實存在，但凡夫不了解「境無唯識」的道理，就顛倒妄想實有「老苦」。

⑶真常唯心系：以「清淨圓明的心性」觀「老苦」如「大海一漚發」。心性如大海，「老苦」是心性大海受外力影響所起的泡沫，泡沫與大海的現象雖然不同，但都是濕性，二者相異性一。所以，「老苦」也如心性般的「真常」，而真常的意思是「既非常也非無常」，而是「離文字相、離語言相、離緣慮相」的「無念、無相、無住」。凡夫不了解清淨的心性被外境影響起了根本無明、枝末無明，所以誤認為真有「老苦」，其實「老苦」是清淨的，只是心性被染汙的不覺而已。

總之，老是生命最好的發明，如果生而不老，人們就會永遠沉淪於苦海中，無法救拔解脫。

三、老是天使

很多人認為老是魔鬼，奪走了自己的幸福，其實老是天使。

（一）頭生白髮天使至

《中阿含經．王相應品》提到轉輪王大天，聰明智慧，有四種軍，整御天下，由己自在，成就七寶及四如意德的因緣在於「老」這位天使。

阿難！彼大天王則於後時告剃鬚人：「汝若見我頭生白髮者，便可啟我。」

於是，剃鬚人受王教已，而於後時沐浴王頭，見生白髮，見已，啟曰：「天王！當知天使已至，頭生白髮。」

彼大天王復告剃鬚人：「汝持金鑷徐拔白髮，著吾手中。」時，剃鬚人聞王教已，即以金鑷徐拔白髮，著王手中。

阿難！彼大天王手捧白髮而說頌曰：「我頭生白髮，壽命轉衰減，天使已來至，我今學道時。」

這段經文平易近人而逗趣感人，剃鬚、洗頭是日常小事，一般人看了白髮就會拔掉，表示自己還不老，白髮多到拔不勝拔時就染髮，老有如魔鬼一般，人見人怕。

轉輪王名叫大天，他交代剃鬚人如果發現他頭上生了白髮，就要如實報告，不可隱瞞。剃鬚人替國王洗頭時，果然發現國王頭上生了白髮，也就照說了。國王命令剃鬚人用金鑷子慢慢拔白髮，放到國王手中。國王看了白髮，知道壽命衰滅，天使已來到，正是出家修道的時候。國王把太子找來，要太子好好主持國政、善待百姓，就剃髮出家了。

大天轉輪王是釋迦牟尼佛的前世，而太子是阿難尊者的前世，這就是法付阿難的由來。

人一出生必然會有老病死，十二因緣說「生緣老死」，又說「生滅老死滅」。生、老、病、死只是「此生故彼生，此滅故彼滅」、「此有故彼有，此無故彼無」的緣起現象，不好不壞，不苦不樂，有人把老、病、死看成「魔鬼」，佛陀卻看成「天使」，提醒他該放下俗緣出家修行了，佛之所以為佛，絕非偶然。

（二）佛陀付法

有關佛陀入涅槃之前，到底把法付給誰？又是一個有趣而重要的問題。

佛陀經常稱讚舍利弗、大目犍連是他的二大弟子。舍利弗常常代佛說法，佛陀更把俗家兒子羅睺羅出家後交給舍利弗教導；大目犍連則常常顯神通，代佛解決眾生的現實苦惱。

南傳佛教的佛寺中，釋迦牟尼佛的兩旁，往往供奉著舍利弗、大目犍連二位尊者，而不是漢傳佛教的大迦葉、阿難二尊者（應身三聖之一佛二聲聞，或文殊師利、普賢二菩薩為華嚴三聖之一佛二菩薩）。

《大阿羅漢難提蜜多羅所說法住記》說：

> 尊者告曰：「汝等諦聽！如來先已說《法住經》，今當為汝粗更宣說。佛薄伽梵般涅槃時，以無上法付囑十六大阿羅漢并眷屬等，令其護持使不滅沒，及勅其身與諸施主作真福田，令彼施者得大果報。」

大阿羅漢難提蜜多羅是佛滅後八百年的斯里蘭卡高僧，臨終前為弟子說佛將法付囑予十六大阿羅漢，其中並無大迦葉、阿難尊者，代表南傳上座部分別說系銅鍱部的主張。至於舍利弗、大目犍連二尊者則在佛陀般涅槃之前，徵得佛陀默許就先入滅，因此也不在永久住世的十六羅漢之列。

自此經由玄奘大師於唐高宗永徽五年（西元六五四年）漢譯以來，十六羅漢為禪宗寺院主要之造像，呈神仙姿態。十六羅漢之畫像，有法願、法鏡、僧繇諸師所繪者，尤以五代貫休之十六羅漢圖與北宋之十六羅漢圖（今藏於日本清涼寺）為膾炙人口之作，貫休之作品尚可由敦煌千佛洞壁畫窺其遺影。此外，盛傳於世間之十八羅漢圖，即於十六羅漢加繪達磨多羅尊者與布袋和尚，或加繪降龍、伏虎二尊者。

漢傳佛教大眾部所傳《增壹阿含經．莫畏品》則有截然不同的說法：

> 我今持此法付授迦葉及阿難比丘。所以然者，吾今年老以向八十，然如來不久當取滅度，今持法寶付囑二人，善念誦持，使不斷絕，流布世間。其有遏絕聖人言教者，便為墮邊際。是故，今日囑累汝經法，無令脫失。

佛陀自稱已經八十歲，不久當般涅槃，故將法寶付囑大迦葉、阿難二尊者，因為他們「極為殊妙」，佛要他們善念誦持，流布世間，免得後人因無聖人言教而墮邊地，永無解脫之日。

阿難尊者是佛陀的堂弟，也是佛陀在世最後二十五年（南傳佛教說二十年）的侍者。經中，佛說把法付囑給阿難尊者的理由是他善解法義，佛還沒開口說話，阿難尊者便知道了：

過去時諸佛侍者，聞他所說，然後乃解。然今日阿難比丘，如來未發語便解，如來不復語是，皆悉知之。由此因緣，阿難比丘勝過去時諸佛侍者。

至於大迦葉尊者，他會留住在世（雞足山）五十六億七千萬年，等到釋迦佛的法滅後，彌勒佛出世才把釋迦佛的衣法交給彌勒佛而取滅度：

過去諸佛頭陀行比丘，法存則存，法沒則沒。然我今日迦葉比丘留住在世，彌勒佛出世然後取滅度。由此因緣，今迦葉比丘勝過去時比丘之眾。

依南傳佛教的說法，大迦葉（西元前六〇三年至西元前四六〇年）比釋迦牟尼佛（西元前六二四年至西元前五四四年）年輕二十一歲，但享嵩壽一百四十三歲。在佛陀八十歲付法給大迦葉、阿難二尊者時，大迦葉已經五十九歲，在佛陀滅後，大迦葉尊者領導僧團八十三年，並主持第一次經典結集，對佛法流傳人間貢獻厥偉，可謂老當益壯、老而彌堅。

至於大乘佛教，佛陀則是把法託付給文殊師利菩薩。《佛說大般泥洹經．隨喜品》說：

爾時世尊告文殊師利法王子、迦葉菩薩、純陀菩薩：「汝善男子！自修其心慎莫放逸，我今背疾舉身皆痛，欲須燕臥。汝文殊師利！當為一切四眾說法，如來正法今付囑汝，乃至上座摩訶迦葉及阿難到，汝當廣說。

佛陀八十歲時背疾，全身都痛，必須躺下來，在交代弟子修心不可放逸後，把法付囑給文殊師利菩薩，要他對一切四眾說法，乃至大迦葉及阿難到來，更當廣說。從這裡，我們看到佛陀悲憫眾生，即使年邁力衰，仍以正法與眾生為念。

而被佛陀付予重任的大迦葉、阿難二尊者，依漢傳佛教說法，大迦葉其實長佛陀十歲，所以佛陀涅槃時，他已達九十歲高齡，而阿難時年也六十歲了。兩大尊者為續佛慧命，一肩挑起經典結集的任務，讓佛法得以普傳迄今。由此可知，縱然年老可能體衰，只要心懷大願，一點也不影響行走在菩薩道上的腳力，依然可健步如飛。

四、老的幸福真諦

（一）老當益壯

《論語．述而》記載了孔子的老年觀：

葉公問孔子於子路，子路不對。子曰：「女奚不曰：『其為人也，發憤忘食，樂以忘憂，不知老之將至云爾。』」

孔子是我們終身學習的榜樣，自稱「發憤忘食，樂以忘憂，不知老之將至」。

《宋書》引述三國魏．武帝〈步出夏門行〉的老當益壯：

> 神龜雖壽，猶有竟時。騰蛇乘霧，終為土灰。驥老伏櫪，志在千里；烈士暮年，壯心不已。盈縮之期，不但在天。養怡之福，可得永年。幸甚至哉！歌以詠志。

宇宙成、住、壞、空，有情生、老、病、死，本是自然演化之理。神龜雖然長壽，猶有死時。蛇再怎麼騰雲駕霧，終究會掉落地面死亡。千里馬雖然老了，伏在馬槽邊，仍然想奔跑千里的路程。積極於建立功業的人雖然年老，但雄壯豪邁的志向並未消失。壽命長短，雖然有天數，但心曠神怡，可得永年。

菩薩發心，不只是「盡形壽，獻身命」，而是生生世世「成熟眾生，莊嚴國土」，直至一切眾生圓滿成佛、一切國土清淨莊嚴為止。《華嚴經．十地品》記載初歡喜地之菩薩發廣大願：「十法有盡，我願亦盡；此十法無盡，我願亦無盡。」十無盡是指眾生界、世界、虛空界、法界、涅槃界、佛出現界、如來智界、心所緣、佛智所入境界、世間轉法轉智轉等十界都無盡，故菩薩願也無盡。再如地藏菩薩「地獄不空，誓不成佛」的大願，更令人動容。《孟子・盡心下》說：「故聞伯夷之風者，頑夫廉，懦夫有立志。」多讀聖賢書，就不會空過老年歲月了。

（二）三等公民和三覺菩薩

老人不應該成為「等吃、等睡、等死」的三等公民，而應該是發願「自覺、覺他、覺行圓滿」的三覺菩薩。

覺有覺察、覺悟二種意思。

覺察屬於人生觀，覺察人生不如意十之八九，必須知苦、斷苦因、修斷苦因之道、證滅苦因及滅苦之境界。

覺悟屬於宇宙觀，覺悟宇宙緣起性空，生滅相續，實相中道，「萬法唯識現，三界唯心造」，本如來藏，妙真如性。

覺察和覺悟從自身做起，自己覺察覺悟了，不忍眾生苦，以無所得之空慧度化眾生離苦得樂，便是「自覺、覺他、覺行圓滿」的成就佛道。

有道是「少年拚學歷，中年拚經歷，老年拚病歷，臨終拚黃曆」。老人的社會責任已了，經濟已有基礎，要拚的只剩下病歷和黃曆。拚病歷就是要身心健康，拚黃曆就是要具足「戒、定、慧、解脫、解脫知見」五分法身香，進而「發〈四弘誓願〉，六度萬行」，這樣才不必受限於什麼黃道吉日，能夠生死自在。

《書經．洪範》說：「五福，一曰壽，二曰富，三曰康寧，四曰攸好德，五曰考終命。」五福當中，好德最重要，唯有品德高尚，才能長壽、富貴、康寧、善終。世間五福全歸的人很少，更何況佛家所期許的三覺。

覺要從心開始。修心則有四個步驟：親近善知識、聽聞正法、如理思惟、如法修證。

善知識有三種：教授善知識、同行善知識、護法善知識。善知識能給我們正知正見，同願同行。

人生誰不老？但對老的態度，會影響一個人的快樂與否。看看詩仙白居易和詩豪劉禹錫兩位同年紀老友的酬唱詩，就可以知道該如何面對老了。

白居易〈詠老贈夢得〉：

與君俱老也，自問老何如？眼澀夜先臥，頭慵朝未梳。
有時扶杖出，盡日閉門居。懶照新磨鏡，休看小字書。
情於故人重，跡共少年疏。唯是閒談興，相逢尚有餘。

劉禹錫〈酬樂天詠老見示〉：

人誰不會老，老去有誰憐？身瘦帶頻減，髮稀冠自偏。
廢書緣惜眼，多炙為隨年。經事還諳事，閱人如閱川。

細思皆幸矣，下此便翛然。莫道桑榆晚，為霞尚滿天。

白居易感嘆「有時扶杖出，盡日閉門居」，這是客觀的晚年共景；劉禹錫則歡喜「莫道桑榆晚，為霞尚滿天」，這是主觀的活在當下。

有道是：「山不轉路轉，路不轉人轉，人不轉念轉。」念轉則海闊天空，無往而不自得。

佛法的轉念，不是唐吉訶德式的妄想，而是聞思修、戒定慧的轉識成智。

《紅樓夢》第五回，賈寶玉夢遊太虛幻境，在一個大石牌坊上看到一副對聯：「假作真時真亦假，無為有處有還無。」假的真不了，真的假不了，即使如鴕鳥般昧於現實，或如魔術師般把有的變成沒有，把沒有的變成有，永遠改變不了真相。凡夫顛倒妄想，把如夢的人生當真，譬如把緣起性空的老病死當成真實，就會煩惱痛苦。佛法不悲觀，也不樂觀，而是實觀，以智慧化解情執，以智慧指導修行，故能真實離苦得樂。

（三）佛是模範老人

所謂「活到老，學到老」，很多人反而活得愈老，愈找不到人生方向。我們不妨看看孔子和佛陀這兩位模範老人的一生。

《論語．為政》記載孔子自述修身養性的經歷：

子曰：「吾十有五而志於學，三十而立，四十而不惑，五十而知天命，六十而耳順，七十而從心所欲，不踰矩。」

十五歲約等於現代國中畢業，孔子十五歲就立志向學，三十歲立足社會有所成就，四十歲明瞭事理無所疑惑，五十歲明白天地萬物的運行法則，六十歲了解他人話中的真義不起無明煩惱，七十歲隨心所欲，言行不會踰越法度。孔子被尊為萬世師表，豈是浪得虛名！

佛陀的一生，則符合婆羅門教所規定的人生四行期：1.梵行期、學生期：學習吠陀經典，熟悉祭祀儀式，為人生奠定基礎。2.家住期：以經營世俗生活為主，如結婚生子、就業等，履行家庭和社會職責，進行祭祀等活動。3.林棲期：年事漸長，棄家隱居森林，從事各種苦行，鍛鍊身心，為生命解脫做準備。4.遁世期：捨棄一切財富，雲遊四方，乞食為生，嚴守五戒（不殺生、不妄語、不偷盜、忍耐、離欲），置生死於度外，以期獲得心靈解脫。

南傳《大般涅槃經》描述佛在圓寂前三個月的故事，凸顯佛陀是一位模範老人：

1.佛陀是和平大使

佛陀告訴弟子說：「我二十九歲出家（南傳佛教的傳統說法）到現在已經五十一年了，垂垂老矣！我就好像一輛破舊的車子，稍加修理還勉強可以走啦！」當時勢力最大的摩揭陀國國王阿闍世，派宰相去向佛陀報告他想出兵攻打越祇國。佛陀告訴這位宰相說，越祇國是不會被打敗的，理由有七：1.越祇國的老百姓經常開會，彼此溝通意見，形成共識。2.越祇國的老百姓一心一德，大家共同承擔責任。3.越祇國的人們尊崇祖先的制度，不會隨便朝令夕改，不會隨便推翻傳統。4.越祇國的老百姓非常恭敬、尊重長者，聽長者的話，那些長者都是很有智慧的人。5.越祇國的男人非常守規矩，不會誘惑婦女同居或行苟且之事，大家都很守法律，尊重倫理道德。6.越祇國的老百姓很恭敬寺廟，不隨便摧毀信仰中心，早晚都在禮拜神明，所以心非常清淨。7.越祇國的人尊重聖賢，對修行者非常尊敬，準備豐盛的供養，使得外國的修行者都想到越祇國來，而越祇國的修行者、阿羅漢也都能安心修行。宰相回國把佛陀的話向國王報告，國王聽了覺得有道理，干戈就停息了。佛陀已經八十歲了，還為和平努力。

2.佛陀是生活實踐家

佛陀沒有倚老賣老，雖然八十歲了，每天還是著衣持缽入城乞食。他在圓寂之前三個月，從王舍城出發往北走，每到一個地方就告訴當地的人說：「你們要守規矩，要修戒、定、慧，心裡還有什麼疑問沒有？如果還有疑問，趕快問喔！」佛陀連問三次，如果民眾沒有疑問，他就離開了，如此一個村落、一個村落地到處度化、教育老百姓，最後走到拘尸羅城外娑羅雙樹下般涅槃。

3.佛陀是傳道者

韓愈說：「師者，所以傳道、授業、解惑也。」佛陀再三告誡弟子，三十七助道品非常重要，是諸位修行的要領，從四念住、四正勤、四神足、五根、五力、七覺支到八正道。戒清淨，煩惱就得到遠離。定清淨，煩惱就得到鎮伏。慧清淨，煩惱就完全斷盡。佛陀提醒弟子要珍惜時間，不要因佛陀要圓寂而傷心。佛陀告訴弟子：「如來不死是辦不到的，凡是因緣所生的法，本身就含有敗壞的因子，也就是說只要一生，必然會有老病死的變化，這是一種真理。在我涅槃後，你們要以法（真理）為師，以戒為師。你們要自依止，法依止，莫異依止。」

4.佛陀是大慈大悲、有教無類的老師

佛陀不捨任何一個眾生，即使到了要圓寂的那一天也是如此，當一天老師，就教一天學生。有一位一百二十歲的外道蘇跋陀羅（或譯須跋陀羅）大

老遠跑來，想要見佛陀，因為他還有疑問。佛陀的侍者阿難跟蘇跋陀羅說：「我們老師病重，躺在床上，因為他吃了打鐵匠純陀供養的旃檀樹耳，得到血痢（腹瀉），身體非常虛弱，所以你不可以去見他。」蘇跋陀羅再三懇求，阿難還是不答應。佛陀躺在房間裡聽到兩人的對話，就要阿難讓蘇跋陀羅進來到佛陀的病床前面，蘇跋陀羅就開始問問題，佛陀一一回答，須跋陀羅就證得阿羅漢果，也皈依了佛陀，成為佛陀的最後一位弟子。

5. 佛陀是先天下之憂而憂的世尊

佛陀總是先考慮其他眾生的痛苦，未雨綢繆。他所想到的都是眾生的快樂、眾生的利益，他要拔除眾生的苦痛，先天下之憂而憂。純陀是一位賤民鐵匠，聽到佛陀即將過世，趕快把他僅有的旃檀樹耳拿來供養佛陀。供養佛陀成道和涅槃前的功德最大，佛陀婉拒了別人的供養，卻接受純陀的供養，為著成就他的善根。旃檀樹耳是一種菌類，吃了對腸胃不好，不容易消化，所以佛陀吃了旃檀樹耳之後，要弟子把剩下的旃檀樹耳埋在土裡，不讓他人誤食而生病。

6.佛陀是臨終一心不亂，預知時至的聖者

佛陀在圓寂前三個月，就預告弟子了，臨終前特別交代弟子不要傷心：「我不在只是肉體不在，我已經教你們一輩子了，你們聽了很多法、很多戒，你們應該懂得很多了，你們如果依照我的法和戒去做，等於我常在你們身邊。如果我還活著，你們卻不聽我的話，不守戒不修法，等於離佛很遠很遠，一點用都沒有。我不是僧團的領導人，你們要以法為師，以戒為師，法在則師在，戒在則師在。」

（四）無事忙中老的幸福

老病死都是生理現象，有生就有老病死，而生是自身業力、父母受精卵、飲食、溫度等種種條件組合的，並非真的有生。生既然是眾緣和合的相續假象，老病死必定也是眾緣和合的相續假象。一切都只是剎那生滅的過程而已，無始亦無終，無邊亦無際，無以名之，勉強稱為真如，了知一切現象

都是真如的心理現象，稱為智慧。

聖嚴法師自幼體弱多病，卻勤奮向學，活出精彩的人生。六十歲開創法鼓山，弘宗演教，足跡遍全球，七十七歲退位，八十歲往生前，依然會客、演講、著述不輟，並發起社會關懷運動，開創生命新局。

他留偈給弟子：

無事忙中老，空裡有哭笑，本來沒有我，生死皆可拋。

一般人能接受「活到老，學到老」，卻難以接受「活到老，忙到老」，感覺一生操勞是不值得的。聖嚴法師為弘法利生而席不暇暖，卻說自己是「無事忙中老」，並經常勉勵人：「忙、忙、忙，忙得好快樂；累、累、累，累得很歡喜。」如果每個老人都能心中無事而忙，隨緣歡喜奉獻，相信晚年都能忙得快樂、累得歡喜，沒有抱怨，只有感恩。

關於老年，聖嚴法師說：

我主動要做的，是發起一些社會運動，這是我很高興、很歡喜做的事，所以做起來很輕鬆；而被動的事，我只是應對而已，不需要花太多心血。……在晚年裡，我所遇到的人，我所經歷的事，都是那麼可愛，如果有些不甚可愛的人、不甚可愛的事讓我遇上了，還是覺得可愛。因此，我的晚年是非常美好的。

聖嚴法師曾說：「虛空有盡，我願無窮。」他體現了佛菩薩的智慧與慈悲，將老年的幸福真諦表彰無餘。

第四篇

超越老

根本不老

一、老人大補貼：信解行證

人生宇宙的一切是由力量達成的，而力量可以分成「物質」和「心靈」的二種力量。

（一）心靈的力量

物質的力量再怎麼大，都還是有限的，物質只能在此時此地發揮力量，無法在過去未來或一定空間之外發揮力量。

相對於物質，心靈的力量則是無限的，我們的念頭不僅在此時此地發揮力量，還可以瞬間前往一年、十年、百千萬億年、無量劫之前的過去或之後的未來，也可以瞬間前往一公里、十公里、百千萬億公里、無量三千大千世界之外的空間。

心靈的力量何其大！貪、瞋、癡、慢、疑、邪知邪見的心，把我們的人生宇宙做小了，讓我們的目光如豆、容不下一根毫毛，誤認真有「老」這回事，誤認真有「老苦」這種苦。

學佛讓我們淨化貪、瞋、癡、慢、疑、邪知邪見，證得戒、定、慧、解脫、解脫知見、慈悲。這種轉無明為智慧、轉煩惱為安樂的過程，需要身心的強大力量來執行。

在身心互相作用之下，身影響心，心影響身，而身是物質，力量有限，只能在此時此地發揮作用，不像智慧、慈悲的心可以豎窮三際（過去、現在、未來）、橫遍十方的發揮作用。

所謂學佛，其實就是學習內省、內觀身心。佛法雖然強調心靈的無限力量，卻從未忽視身體的力量。譬如戒、定、慧三學，「戒」完全在強化身的力量，「定」既能強化身的力量，也能強化心的力量，「慧」則完全在強化心的力量。

又如，定、慧二學的第一步是四念住（處）：身念住、受念住、心念住、法念住；身念住在強化身的力量，受念住在強化身的力量，進而強化心的力量，以此二念住為基礎，就能建立心、法二念住，讓心的定、慧力量發揮到極致。

再如天台宗創立人智顗大師，他指導禪修的預備工夫有二十五方便，其中有「調五事」：調睡眠不節不恣，調飲食不飢不飽，調身不緩不急，調息不澀不滑，調心不沉不浮。睡眠、飲食、身體、出入息、心五事各須中庸，前四事都關係到身，只能身調順了，心才能調得不昏沉、不掉舉，才能觀照身心的空相。

老人如何增強身的力量，屬於衛生、養生的部分，佛教經論有詳細而深入的探討，本書暫時不談，以下專就心靈力量而論。

心靈力量的極大化，有信、解、行、證四個過程，可以完全超越老的煩惱，因為心靈絕對不會老，可以學得放下的智慧，做個慈悲的仁者，成為身、心、靈的勇者。

（二）一切唯心造

「信」如入寶山而取寶的手，是培養心靈力量的出發點，由「信」的點出發，就成為「解」的線；「解」的線經過轉折和連結，就成為「行」的面；了解「行」的面積大小，就是「證」。信、解、行、證環環相扣，都是以心為主軸。「信」吾心力量無限，「解」心力的運作模式和增強方便，「行」智慧心和慈悲心於自利利他，「證」「心、佛、眾生，三無差別」、「生、老、死不空不有」。

學世間知識、做世間工作、學佛、尤其是老人增強心靈力量，首在起信。八十卷本《華嚴經・賢首品》說：「信為道元功德母，長養一切諸善法，斷除疑網出愛流，開示涅槃無上道。」信必須正解，否則信不真；解必須行，否則不證；證由解行雙圓；證必須親身體驗，否則信、解、行之力不足。信、解、行、證的次第，出自《大乘起信論》，唐代法藏賢首大師以此判釋八十卷本《華嚴經》，乃成為古今不易之法。

信、解、行之目的，在於得證，信、解、行、證的次第固然最為妥當，但每一個人的根機不一樣，不是非此次第不可。上上根機者，揮灑自如，不生、不老、不病、不死，故能智慧解脫；即生、即老、即病、即死，故能慈悲度眾；上根機者，信、解、行、證一如，信不老之教，解不老之理，行不老之自度度他，證不老之事理圓融無礙；中根機者，信、解與行、證不二，即信解即行證；下根機者，必須信、解、行乃能證。

八十卷本《華嚴經．夜摩宮中偈讚品》說：「若人欲了知，三世一切佛，應觀法界性，一切唯心造。」是佛是魔、是苦是樂、是老是不老等概念都是唯心所造，所以信、解、行、證四門都圍繞著心。明心見性就是每一個人的首要任務。

信以深信眾生心即佛性最為重要，佛性即覺性、覺悟成佛的可能性，有如礦中如果沒有黃金的成分，就不可能開採出黃金。「心」的意思就是覺，所以「心」的本性就是覺性。

佛教經論提到六種心：1.肉團心，即吾人之心臟。2.集起心，為第八阿賴耶識，集諸習氣種子，起諸感覺知覺作用。3.思量心，為第七末那識，思量實有身心及萬事萬物，執著為我和我所有，我是主宰的意思。4.緣慮心、了別心，為眼識、耳識、鼻識、舌識、身識、意識，即見、聞、嗅、嘗、觸、知六種感覺、知覺作用。5.堅實心，堅固真實之不生不滅心，即自性清淨心、如來藏心、真如。6.積聚精要心，積聚諸經中一切之要義者，如《心經》為六百卷《大般若波羅蜜多經》的要義。此中，集起心、思量心、緣慮心（這三種心合稱八識）的本性就是堅實心，即心性、佛性、覺性。

《大乘起信論》以眾生心為大乘的法體，名之為大乘的義理，分為體、相、用三大：一是「體大」，眾生心之體性，真如平等，無生無滅，無增無減，畢竟常恆。二是「相大」，眾生心之自性，具足大智大悲、常樂我淨等一切功德。三是「用大」，眾生心之體性，具足一切功德，內潛源底而熏妄心，外現報、化二身教化眾生，依此內、外之二用，使人初修世間之善而得世間之善果，後修出世之善因而生出世之妙果。

（三）實修實證老的真理

如何信、解、行、證，明白老的妙義呢？

1. 信

信，就是深信我心與佛心不二，具有體、相、用三大，能夠與佛一樣具足圓滿智慧、大慈大悲，能夠體證「老」是緣起性空的假象，是唯識所現的妄想，是唯心所造的推陳出新妙方，故能解脫自在，並以此教化眾生坦然經歷老的過程。

2. 解

解，就是親近善知識，聽聞正法，如理思惟，通達各傳承佛法對「老」的事理剖析。原始佛教和部派佛教都認為「老」來自「生」，只要「不生」

就可以「不老」；大乘性空唯名系認為「老」是緣起故性空的，唯是假名施設、概念法而已；大乘虛妄唯識系認為「老」是虛妄不實的，唯是心意識依過去無明習氣所顯現的幻影而已；大乘真常唯心系認為「老」是不常不無常的真如，唯是如來真心所造的世間、出世間利益，就世間利益而言，可以分分秒秒汰舊換新，就出世間利益而言，可以頓悟「老」的真如性而立地成佛。

須知我們之所以受到生、老、病、死等現象所苦逼，乃是因為無明妄想遮蔽了我們的覺性，讓我們執著生、老、病、死等現象為真實而不覺，因而煩惱叢生。身苦不可避免，但心苦可以透過明心見性，了知不生、不老、不病、不死而避免它們的苦逼，所以佛教以「無生法忍」為解脫煩惱的起點。無生法忍就是認識到一切現象都是緣起故無自性的，亦即無生，無生則無老、無病、無死。

3. 行

行，就是在日常生活工作中，體會「老」的事實與「老而不老」的真理。心意識的情緒起伏與見聞覺知，只要閉起眼睛，立刻就可以發現它們分分秒秒在「老」，或變善為不善，或變不善為善，或非善非不善的變來變去，沒有一瞬間是停止不動的。物質的老，只要學習現代科學如量子力學，或利用顯微鏡、斷層掃描等儀器觀察，就可以發現物質也是分分秒秒在老的。總之，「老」是人生宇宙一切現象的事實，而「不老」則是「老」的本性。

4. 證

信、解、行「老」是確實存在的現象之後，就實證了老是真理，與老的真理相應，就可以對老心無恐怖，無恐怖故可以遠離「老」的顛倒妄想，究竟涅槃，得無上正等正覺。

進一步思惟，「老」既然是來自「生」、性空唯名、虛妄唯識、真常唯心的，所以老不是真的，「老」就是「不老」。既然不老，就可以如幼年的天真無邪，如青少年的無止境學習，如壯年的服務社會，如老年的雲淡風輕，做一個人間活菩薩。

二、生命有盡，有願不老

我們在做任何事之前，都必須發願，否則如牛馬無人駕馭，就不知何去何從。信、解、行、證都離不開心，心必須以發願來駕馭，心猿意馬終必一事無成。

（一）學菩薩發願和行願

「願」有志願、欲願、願求、自我期許等義，即將心放在目的物之前。願有總願、別願之分。總願，指吾人發願必須自利利人；別願，指個人天性、機緣不同所發的善願。

大乘佛教的總願是〈四弘誓願〉：「眾生無邊誓願度，煩惱無盡誓願斷，法門無量誓願學，佛道無上誓願成。」別願如藥師佛的十二大願，阿彌陀佛的四十八願。以下簡單介紹普賢菩薩的十大願，說明發願的重要。

《華嚴經．入不思議解脫境界普賢行願品》描述普賢菩薩發十大願及絕不退轉的自我期許：

一者禮敬諸佛，二者稱讚如來，三者廣修供養，四者懺悔業障，五者隨喜功德，六者請轉法輪，七者請佛住世，八者常隨佛學，九者恆順眾生，十者普皆迴向。

1. 禮敬諸佛

普賢菩薩十大願是為人處世的標竿，隨時隨地，不分男女老少都要學習。

佛有過去已成佛、現在正要成佛、未來將成佛三大類，所以「禮敬諸佛」就是禮敬三世十方諸佛及一切眾生。

如來是佛十號之一。如者，真如（緣起性空，性空緣起；妙有真空，真空妙有）；來者，現前。其實，真如包括一切萬事萬物，不論是老、是少，是心、是物，是有情、是無情，是煩惱、是解脫，是眾生、是佛，都是真如。《解深密經．分別瑜伽品》說：

如所有性者，謂即一切染淨法中，所有真如，是名此中如所有性。此復七種：一者流轉真如，謂一切行無先後性；二者相真如，謂一切法、補特伽羅無我性及法無我性；三者了別真如，謂一切行唯是識性；四者安立真如，謂我所說諸苦聖諦；五者邪行真如，謂我所說諸集聖諦；六者清淨真如，謂我所說諸滅聖諦；七者正行真如，謂我所說諸道聖諦。

當知此中由流轉真如、安立真如、邪行真如故，一切有情平等平等。

由相真如、了別真如故，一切諸法平等平等。由清淨真如故，一切聲聞菩提、獨覺菩提、阿耨多羅三藐三菩提，平等平等。由正行真如故，聽聞正法，緣總境界勝奢摩他、毘鉢舍那所攝受慧，平等平等。

這段經文彰顯了如來性的無始無終、無邊無際，一切有情、諸法（存在）、菩提（覺悟、覺察）、聞思修所成慧都是平等平等，這是就理、性的本然而言，儘管事、相由於因緣不同而有千差萬別。不僅有情平等，聖賢平等，學習平等，《華嚴經・夜摩天宮菩薩說偈品》更說：「心如工畫師，畫種種五陰，一切世界中，無法而不造。如心佛亦爾，如佛眾生然，心佛及眾生，是三無差別。」

所謂「萬法唯識現，三界唯心造」，心、佛、眾生三者是無差別的。《妙法蓮華經・方便品》也說每件事物的變化過程都是實相，都是平等：「佛所成就第一希有難解之法。唯佛與佛乃能究盡諸法實相，所謂諸法如是相，如是性，如是體，如是力，如是作，如是因，如是緣，如是果，如是報，如是本末究竟等。」

2.稱讚如來

佛是無上正等正覺的圓滿者，所以是大家皈依的至寶，而「稱讚如來」，不只是稱讚已經覺悟的佛，還要稱讚一切有情無情、真理以及真理的學習過程。

3.廣修供養

供養有財物、無畏、法（真理、知識）三種，而以法供養為最殊勝。法供養，就是以自己聞思修佛法供養諸佛如來，同時以自己所學、所思、所修的佛法供養一切眾生。因此，「廣修供養」就是以一切好處恭敬地給予一切諸佛菩薩和眾生，所謂「供養佛誓斷一切惡，供養法誓修一切善，供養僧誓度一切眾生」。

4.懺悔業障

業障（梵語 karmāvaraṇa）指能障聖道及聖道加行善根之業。為三障（煩惱、業、報）或五障（煩惱、業、生、法、所知）之一。《阿毘達磨發智論》，謂業障即指五無間業（極重的惡行）：害母、害父、害阿羅漢、破和合僧（破壞團體的和諧）與惡心出佛身血（佛已證法身，法身即真理之身，真理不能殺，故只能傷害佛的身體而流血）。一般人不會害母、害父、害阿羅漢、惡心出佛身血，但由於貪、瞋、癡、慢、疑、不正見六種根本煩惱的驅使，很容易破和合僧。

至於〈普賢行願品〉十大願中「懺悔業障」所說的「業障」，則不限於五無間業，而是指一切不善業，在沒有證得人我空、法我空的初歡喜地之前，誠如《地藏菩薩本願經．如來讚歎品》所說：「南閻浮提（我們的世界）眾生，舉止動念，無不是業，無不是罪，何況恣情殺害、竊盜、邪淫、妄語，百千罪狀？」因此，學佛人要時時刻刻「懺悔業障」，清淨律儀。

5. 隨喜功德

學佛人要謙卑與人為善，不要傲慢嫉妒，「隨喜功德」就是別人的一切善行都要讚歎，盡力效法，即使力有未逮，也要口吐蓮花，揚善隱惡，讓社會充滿正能量，讓自己心包太虛，量周法界。

6. 請轉法輪

佛法是人生宇宙的真理，真理如輪，能輾碎一切所知障和煩惱障，能度人到涅槃彼岸。但真理不生不滅，法不自說，輪不自轉，法輪必須靠佛菩薩、祖師大德、善知識來轉。因此，學佛人應「請轉法輪」，護持正法，有錢出錢，有力出力，令法輪常轉、正法久住。

7. 請佛住世

《中阿含經・八難經》說：「人行梵行而有八難、八非時也。」梵行不只是學佛人的清淨行，也可以指一切的正確知識和正當工作。人想修梵行，會有八種障礙和八種生不逢時：第一至第五，有佛時，生在地獄、畜生、餓鬼、長壽天、邊國夷狄之中；第六，有佛時，雖生中國（有佛法的地方），而聾瘂如羊鳴，常以手語，不能知說善惡之義；第七，有佛時，雖生中國，也不聾、不瘂、不如羊鳴，不以手語，又能知說善惡之義，然有邪見及顛倒見；第八，雖生於中國，不聾、不瘂、不如羊鳴，不以手語，又能知說善惡之義，而有正見、不顛倒見，卻不逢佛世。

因此，學佛人應「請佛住世」，佛已經了脫生死，生死自在，可以延壽，佛在世間，有如茫茫大海中的燈塔，讓眾生可以安全上岸。廣義來說，法在、僧在，佛就在，請佛住世就是護持僧寶講經說法，書寫、讀誦、印刷、數位化、流通三藏。

「中國難生今已生，人身難得今已得，佛法難聞今已聞，此身不向今生度，更向何生度此身？」人身如爪上土，眾生如大地土，有緣接觸佛法，絕不輕易放過。

8. 常隨佛學

《論語．述而》說：「三人行，必有我師焉。擇其善者而從之，其不善者而改之。」每個人都是我們的老師，我們選擇別人的長處而學習，別人若有缺點則反觀自己而改正。《書經．仲虺之誥》也說：「能自得師者王，謂人莫己若者亡。好問則裕，自用則小。」能夠自己找老師的，就可以進步甚至當上領袖，如果自滿自傲瞧不起別人就會失敗。多學好問就可以增長知識，游刃有餘，剛愎自用就會愈來愈渺小。《書經．大禹謨》更說：「惟德動天，無遠弗屆，滿招損，謙受益，時乃天道。」自滿會招致損失，謙虛可以得到益處。做人當虛懷若谷，好學不倦。

《妙法蓮華經．常不輕菩薩品》記載，常不輕菩薩不管遇到任何人，即使被罵、被打、被殺，都不起瞋恨地說：「我深敬汝等，不敢輕慢。所以者何？汝等皆行菩薩道，當得作佛。」佛已經圓滿菩薩道行，是人天導師，所以學佛人更應「常隨佛學」。

9. 恆順眾生

《龍舒增廣淨土文》說：「上報四重恩，下濟三塗苦。若有見聞者，悉發菩提心，盡此一報身，同生極樂國。」四重恩是佛恩、父母師長恩、眾生恩、國土恩，恩重如山無以回報。三塗苦是地獄苦、餓鬼苦、畜生苦。眾生無量無邊，都是我們過去無量劫以來的父母眷屬，因此學佛人應「恆順眾生」，亦即恆常隨順一切眾生的需要，並隨緣攝受一切眾生。「未成佛道，先結人緣」，菩薩要以種種方便隨緣攝受，以種種法門教化，令其轉迷成悟。

10. 普皆迴向

最後，學佛人要「普皆迴向」，將以上功德，迴向一切眾生，以完成佛果之願。

普賢菩薩所發的十大願，如果能堅定不移，只要做到任何一願，都可以無事不辦：

虛空界盡，我禮乃盡，而虛空界不可盡故，我此禮敬，無有窮盡。如是乃至眾生界盡、眾生業盡、眾生煩惱盡，我禮乃盡。而眾生界乃至煩惱無有盡故，我此禮敬無有窮盡，念念相續，無有間斷，身、語、意業無有疲厭。（其他九願同此）

普賢菩薩發願如果虛空界、眾生界、眾生業、眾生煩惱盡了，他的願才盡。而虛空界乃至眾生煩惱無有盡，他的願就無有窮盡，念念相續，無有間斷，身、語、意業無有疲厭。普賢菩薩的願行代表「理」，文殊菩薩的三昧代表「智」，毘盧遮那法身佛代表「理智不二」，合稱「華嚴三聖」。

發了願就必須像地藏菩薩一樣「地獄不空，誓不成佛」，也要像觀世音菩薩一樣「千處祈求千處應」、「應以何身得度則現何身」。

大悲的觀世音菩薩，大智的文殊菩薩，大願的地藏菩薩，大行的普賢菩薩，合稱漢傳佛教四大菩薩，悲、智、願、行乃學佛人的學習科目，世間人有此科目當能走遍天下，成就一番大事業。

天下無難事，只怕有心人。聖嚴法師說：「忙人時間最多。」不想學，百千理由；想學，分秒必爭。

（二）以願力自在超越時空

人為什麼會老？老的原因是什麼？就是時間，是時間讓我們老了。如果你想要長生不老、青春永駐，就要超越時間的束縛，不讓現有的時間來催促你老。從太空人、太空船和一些科學研究報導，可以得知時間的流動速度不一樣，老的速度就不一樣。

當你在禪修的時候，由於心清淨，會覺得時間流逝得特別快，一個小時，甚至是一天，很快就過去。當一個覺悟者證得寂靜涅槃，超越了時間、空間，我們會說他長生不老。沒有時間的感覺、沒有空間的感覺，真的就已經是長生不老了。

《西遊記》說：「天上一日，人間一年。」民間故事有很多時間變化無常的故事，如日本民間傳說的《浦島太郎》，浦島太郎是一位善良的漁夫，因救了海龜，得以來到龍宮，雖然公主盛情地招待，並且留他在此定居，但他還是很想家。結果，當他回到家，才發現人事全非，只在龍宮住三天，人間卻已過了一百年之久。最後，當他好奇地偷偷打開公主送的寶箱，更在一瞬間成了白髮老翁。中國也有很多類似的故事，比如黃粱一夢、王質觀棋百年等。

假如你有機會可以像科幻小說的主角一樣，在太空艙裡冷凍一、兩百年，再飛回地球；或是打一針，就可以青春不老幾百年，你願意接受這樣的實驗嗎？事實上，壽命不是愈長愈好，如果你找不到人生的意義，活得很茫然，可能活得愈久，受罪愈久。

比如很多人都想透過時光隧道回到過去，假設有一種飛行器，它的速度高過於光速，讓人可以回到過去。由於過去我們所做的一切，所發生的一切事，都是以光的速度往前跑，所以只要速度超過光速，就可以看到童年往事，甚至是遠及唐朝、漢朝、秦朝的事。可是，如果我們的心不得解脫，看到悲傷的童年往事，或是古代戰火四起，即使有這樣的往返古今神通力，可能只會受苦。那為什麼菩薩可自在於六道普度眾生而不苦呢？因為他是乘願而行，而我們則是隨業受報。

所謂的「老」，其實也不過只是一個年齡數字。如果能發〈四弘誓願〉，如果願意「世世常行菩薩道」，便可以放下自我、放下生死，因為我們的行願，並不是只有今生之約而已，而是生生世世，盡十方三世未來際、無量劫。

（三）向老說聲再見

夕陽無限好，黃昏是美景。

在人生落幕前，應該做一個明白事理、熱愛眾生、勇敢面到死亡的老人。老人家總是對年輕人這麼說：「我吃的鹽巴比你吃的米還要多，我走過的橋比你走過的路還要遠。」但如果沒有智慧、慈悲、勇氣，倚老賣老的風涼話又有何光彩？

一個有智慧的老人，要懂得放下和提起：涵蓋乾坤，截斷眾流，隨波逐浪！

1. 老人的放下與提起

《論語．季氏》提到孔子的人生觀：「君子有三戒：少之時，血氣未定，戒之在色；及其壯也，血氣方剛，戒之在鬥；及其老也，血氣既衰，戒之在得。」老人「戒之在得」，是善終的保證。

老人在放下的部分，首先要放下對於我的執著，更要放下對於名利、財富、地位的種種執著。因為對於我、我所有的執著，會讓世間沒有辦法進步，沒有辦法和諧，也會讓自己痛苦不堪。上台靠運氣，下台靠智慧。老人家就要下台了，應把人生舞台讓給下一代，後生可畏，焉知來者不如今也。

其次，要放下一切執念。放下過去的貪、瞋、癡，放下過去人際關係的摩擦，放下別人對我們的傷害或欠債。西藏人有一個很好的傳統，老人在過世之前，一定會把自己的財產交代得清清楚楚，一部分留給兒女，一部分供養三寶，一部分救濟窮人，讓社會財富重新分配，免得兒女在老人死後還為爭奪財產打官司。

老人在提起的部分，要提起什麼呢？智慧、慈悲、勇健。

老人要做一個智慧者，了知人生宇宙的事理：因果輪迴、相續變異、緣起性空、唯識所現、唯心所造。

老人要做一個慈悲者，先對自己慈悲，才能對其他眾生慈悲。佛法中有三種慈悲：1.眾生緣慈悲：對親友、人類及一切眾生慈悲；2.法緣慈悲：對一切萬事萬物慈悲；3.無緣慈悲：法爾自然，時時地地都能身、語、意常保慈悲。

老人要做一個勇健者，包括身、心、靈都要勇健，無所畏懼於任何生死現象。《心經》說：「是諸法空相，不生不滅，不垢不淨，不增不減。」一切皆空，有何可得？無可得，則可勇健出生入死。

2. 佛陀的臨終關懷和悲傷療癒善巧

《雜阿含經．六三八經》記載了佛陀的臨終關懷和悲傷療癒善巧。

佛陀的大弟子舍利弗尊者，在摩竭提那羅聚落疾病涅槃，他的弟弟純陀沙彌瞻視供養之後，拿了舍利，擔持衣缽，到王舍城，舉衣缽，洗足已，來向阿難尊者稟告一切。

阿難尊者聽後就來到佛前說：「世尊！我今全身就要離解了，四肢不對勁，頭昏腦鈍，失神落魄，簡直無法思辨了。」

佛問阿難：「舍利弗所受持的戒身、定身、慧身、解脫身、解脫知見身（以上合稱五分法身）都涅槃（消失）了嗎？」

阿難回答：「不，世尊！」

佛告訴阿難：「我自知及所說的四念處、四正斷、四如意足、五根、五力、七覺支、八道支（以上合稱三十七道品）都涅槃了嗎？」

阿難回答：「不，世尊！雖然舍利弗所受持的五分法身，乃至佛陀自知及所說的三十七道品法都沒有涅槃，但尊者舍利弗持戒多聞，少欲知足，常行遠離，精勤方便，攝念安住，一心正受，捷疾智慧、深利智慧、超出智慧、分別智慧、大智慧、廣智慧、甚深智慧、無等智慧，智寶成就，能示、能教、能照、能喜，善能讚歎，為眾說法。世尊！我是為法、為受法者而愁憂苦惱。」

佛告訴阿難：「你切莫愁憂苦惱。為什麼？坐、起、作，都是有為敗壞之法，怎能不壞？如果要不壞，無有是處。我以前說過，一切所愛念種種諸物、適意之事，皆是乖離之法，不可常保。譬如大樹，根、莖、枝、葉、花、果茂盛，大枝先折，如大寶山，大巖先崩。如是，如來大眾眷屬，其大聲聞先般涅槃。過去，有舍利弗遊行教化的地方，就如同我在那裡一樣，因為舍利弗能夠將我的教法正確無誤地宣說弘傳。現在，阿難啊！如同我先前所說，世間一切可愛順意的事物，終究要別離分散，所以不要再悲愁了。阿難！要知道，不久之後如來也將般涅槃。所以，阿難！應當要以自己為依歸，要以正法為依歸，切莫依歸其他不可依靠的邪師異法。」

阿難尊者請示佛陀：「世尊！請開示如何以自己為依歸，以正法為依歸，不以邪師異法為依歸？」

佛陀教導阿難：「比丘應當精勤修習四念處。安住身念處，隨觀內身，以正智、正念調伏世間貪染和憂愁，如此，隨觀外身及內外身，乃至受念處、心念處、法念處，都用這個方法修習觀行。阿難！能夠依此修行，就是以自己為依歸，以正法為依歸，不以邪師異法為依歸。」

3. 生死自在

佛陀以他的生命，為我們示現了如何由人成佛，如何自在走過生、老、病、死，並留給我們最珍貴的禮物——佛法。面對來來去去、生生死死的人生，因著佛法，我們能不怕老、不怕死，甚至超越老、超越死。世間的現象變化，不再對我們構成威脅、帶來恐懼，反而能欣賞變化中的無窮生命活力。

我們來到世界的時候，是別人歡笑，自己卻是哭著報到出生。等到我們要告別世界的時候，希望自己能笑著離開，讓所有人都哭到依依不捨，這樣便不枉此生。事實上，誰哭誰笑都不重要，重要的是你究竟從生、老、病、死參透了什麼，這才不枉費娑婆世界走一遭！

〔後記〕

來做老古錐！

佛教的菩薩精神是自利利他，如果自己學佛都學得不快樂，如何和人分享法喜呢？佛教常稱長者為「老菩薩」，而很多菩薩卻老得悶悶不樂。我們很希望「老菩薩」不但自己能以智慧老得開心，還能慈悲地讓人皆大歡喜，成為悲智雙運、福慧雙修的「老古錐」！

「真古錐！」是讚美人可愛的意思，一般人都以為「古錐」是閩南語，其實它源自唐代佛語。「錐」本為一種鑽物的利器，「古錐」看似老舊鈍拙，實則能鋒利刺穿，因而用於形容充滿機鋒、引人省悟的言語，例如唐代玄沙師備禪師以其機鋒獨到，言辭犀利如錐能切中要害，被稱讚道：「宗師方便太慈悲，是汝之言實古錐。」

因此，「古錐」最初並非稱讚孩童活潑可愛，討人喜歡，而是禪師如錐般銳利的發人深醒的話。講話風趣、充滿機鋒的禪師和老人，便被戲稱為「老古錐」。古錐一詞，隨著閩地寺院的普及，逐漸融入生活用語，語意也產生轉化。

禪宗語錄裡常見「老古錐」，一語點醒夢中人，如「腦後一錐」，真能醍醐灌頂！其實，釋迦牟尼佛才是「老古錐」的祖師爺。《大梵天王問佛決疑經》記載大梵天王率領眷屬到了靈山，以金色波羅花獻佛，世尊即拈花，瞬目揚眉，示諸大眾。大眾默然毋措，只有迦葉尊者破顏微笑。世尊言：「有我正法眼藏，涅槃妙心，即付囑于汝。汝能護持，相續不斷。」

大梵天王看得目瞪口呆，佛陀說法五十年，也授記某某弟子成佛，而靈山會上，世尊拈花，迦葉微笑，就完成了傳法的大事，莫非有什麼密意？

世尊拈花是無言之教，無上密法已在拈花之中教授；迦葉微笑是無言之答，唯佛與佛乃能究盡的諸法實相已在微笑中回答。世間事已如辛棄疾的浩歎：「千古興亡多少事？悠悠。不盡長江滾滾流。」更何況出世間大事！佛與迦葉二人的「一切盡在不言中」，豈容他人置喙？

拈花與微笑，又嫌多餘哩！

釋迦牟尼佛的好搭檔維摩詰居士，則把老古錐演活了。《從容錄》說：「堂堂坐斷舌頭路，應笑毘耶老古錐。」句中的「毘耶老古錐」，正是指毘耶離城的維摩詰居士。維摩詰本是東方阿閦佛國的金粟如來，應釋迦佛之聘，特別來地球當「客座教授」。釋迦佛是出家人，為著避世譏嫌，時時刻刻保持莊嚴的威儀，不苟言笑。維摩詰現居士身，應以何身得度則現何身，《維摩詰所說經》說他到賭城教人戒賭，到歌廳舞廳教人遠離聲色，到妓女戶斷嫖客的淫欲，到酒吧勸人戒酒，到皇宮化正宮女。這些總是強人所難，但他老古錐，明知不可為而為之，智悲雙運，揮灑自如，語默動靜都是言教身教。

更令人傻眼的是，他竟然「打狗不看主人面」，把佛弟子教訓得體無完膚。譬如，他對舍利弗說「不必是坐為宴坐」，坐禪應當如法斷三界貪、不分內外、不求定慧、不被邪知邪見所動；他全然否定目犍連對居家白衣應持戒、修定、發慧的說法，因為萬法皆空，平等不二；他對大迦葉向貧窮人家乞食、須菩提入他家乞食都不以為然，因為學習空性才是乞食；他反對迦旃延說苦、集、滅、道四聖諦法，因為輪迴即涅槃、煩惱即菩提；他喝斥阿難為佛生病向俗家乞藥，因為「如來身者，金剛之數，眾惡已斷，諸善普會，當有何病？」維摩詰居士甚至一一否定彌勒、光淨童子、持世等菩薩的說法，因為菩薩法不可得。

維摩詰居士以權道現身有疾，卻對前來探病的人說他沒病，他的病乃因「眾生有病，故我有病」，眾生的病好了，他的病就好了。他裝病，佛陀要弟子、菩薩代他去探病，沒人敢去，最後由大智文殊師利菩薩領隊，演出一齣齣精彩的好戲，最有韻味的是他問大家什麼是「菩薩入不二法門」，在諸菩薩發表意見之後，他又問文殊師利菩薩，文殊師利菩薩回答：「如我意者，於一切法無言無說，無示無識，離諸問答，是為入不二法門。」

於是文殊師利問維摩詰：「我等各自說已，仁者當說何等是菩薩入不二法門？」時維摩詰默然無言。文殊師利歎曰：「善哉，善哉！乃至無有文字、語言，是真入不二法門。」

妙哉！「坐斷舌頭路，毘耶老古錐。」維摩詰居士是大乘佛教居士的修行代表，如果能學習他的悲智雙運，運用佛法來自度度人，何愁老年活得無奈又無聊？老菩薩們何不善用六度萬行，也當個自利利人的「老古錐」？

菩提達摩大師把「直指人心，不立文字，明心見性，見性成佛」的禪法傳入中國之後，後代禪家更一再演出「老古錐」的戲碼，如懷讓磨磚成鏡、南泉斬貓、丹霞燒佛、趙州茶、雲門餅、臨濟喝、德山棒等公案，都是鮮活的老古錐影像。

《碧巖錄》第五十三則敘述馬祖道一大師借物顯性，以令弟子開悟。一次，馬大師與其弟子百丈懷海行路時，見野鴨子飛過，大師云：「是什麼？」百丈云：「野鴨子。」大師云：「什麼處去也？」百丈云；「飛過去也。」大師遂扭其鼻頭，百丈作忍痛聲，大師云：「何曾飛去？」

浩瀚宇宙本無東、南、西、北，時間、空間都是人的妄想的假名施設，若無分別心，即無飛過來、飛過去之別。野鴨子飛過僅為眾緣和合的虛妄假象，世上一切也皆是虛妄；若執妄相，難以悟道，故馬大師以迅雷不及掩耳的霹靂手段，閃擊百丈不悟之心，使其破妄而見性。

很多老人都沉湎於回顧過往歲月，如果能從妄念幻相中醒覺，便能珍惜當下的修行時光。學佛永不嫌遲，只問能否一念覺！不覺便是可悲的老頑固、老古董，覺了就是可愛的老菩薩、老古錐！

一念覺並不難，《圓覺經》說：「法界性，究竟圓滿偏十方。」《華嚴經》說：「若人欲了知，三世一切佛，應觀法界性，一切唯心造。」

老的法界性，究竟圓滿偏十方，一切唯心造。老乎？不老乎？思之！審思之！

琉璃文學 50

老古錐——從心看老學老悟老

The Lovable Old-Timer: Aging as a Journey to Awakening

作者	鄭振煌
出版	法鼓文化
總監	釋果賢
總編輯	陳重光
編輯	張晴、齊秀玲
封面設計	化外設計
內頁美編	小工
地址	臺北市北投區公館路186號5樓
電話	(02)2893-4646
傳真	(02)2896-0731
網址	http://www.ddc.com.tw
E-mail	market@ddc.com.tw
讀者服務專線	(02)2896-1600
初版一刷	2025年8月
建議售價	新臺幣280元
郵撥帳號	50013371
戶名	財團法人法鼓山文教基金會—法鼓文化
北美經銷處	紐約東初禪寺 Chan Meditation Center (New York, USA) Tel: (718)592-6593 E-mail: chancenter@gmail.com

國家圖書館出版品預行編目資料

老古錐：從心看老學老悟老 / 鄭振煌著. -- 初版. -- 臺北市：法鼓文化, 2025.08

面； 公分

ISBN 978-626-7345-88-7(平裝)

1. CST: 佛教修持 2. CST: 老年

225.87 114008464